DAVID BERGER

THOMAS VON AQUINS

„SUMMA THEOLOGIAE"

WERKINTERPRETATIONEN

DAVID BERGER

THOMAS VON AQUINS
„SUMMA THEOLOGIAE"

WISSENSCHAFTLICHE BUCHGESELLSCHAFT

P. Abelardo Lobato OP
in Dankbarkeit gewidmet

Die Deutsche Bibliothek verzeichnet diese Publikation
in der Deutschen Nationalbibliografie;
detaillierte bibliografische Daten sind im Internet über
http://dnb.ddb.de abrufbar.

© 2004 by Wissenschaftliche Buchgesellschaft, Darmstadt
Gedruckt auf säurefreiem und alterungsbeständigem Papier
Einbandgestaltung: Neil McBeath, Stuttgart
Printed in Germany

Besuchen Sie uns im Internet: www.wbg-darmstadt.de

Sonderausgabe 2010
gedruckt von BoD, Books on Demand

Inhalt

I. Die Summa theologiae
als das klassische theologische Lehrbuch schlechthin

„Das Schicksal der theologischen Summe ist stets das der kirchlichen Wissenschaft gewesen", bemerkte der bekannte Mediävist und Kardinal Franz Ehrle.[1] Auch wenn dieses Zitat nun schon mehr als 100 Jahre alt ist: Es dürfte kein zweites Werk geben, das in der Geschichte der Theologie eine solche Bedeutung erlangt hat wie die *Summa theologiae* des hl. Thomas von Aquin. Dies gilt nicht nur für die Zeit des Mittelalters bzw. der Scholastik, als deren Fürst Thomas (*princeps scholasticorum*) unbestritten gilt und von der Martin Grabmann bemerkt, dass die *Summa theologiae* des Aquinaten ein Werk ist, das an „Geschlossenheit und Durchsichtigkeit der Systematik und Architektonik alle theologischen Summen der Scholastik überragt"[2]. Ohne Übertreibung kann man noch weiter gehend mit dem protestantischen Thomas-Forscher Thomas Bonhoeffer feststellen, dass die Summe „die gelungenste christliche Dogmatik, die wir überhaupt haben", darstellt: Sie „ist die klassische christliche Dogmatik schlechthin"[3]. Von daher wird es auch kaum verwundern, dass die *Summa theologiae* auch das in der neuzeitlichen Theologie am häufigsten kommentierte und zitierte Werk überhaupt ist. Selbst noch die Neuentwürfe der als bedeutend geltenden Theologen des 20. Jahrhunderts sind kaum zu denken ohne ihren Ausgangspunkt, den sie zumeist in bewusstem Anschluss an die[4] oder in kreativer Weiterbildung sowie Abgrenzung von der Lehre des Aquinaten entwickeln, wie sie vor allem in der theologischen Summe vorliegt.

Verwunderlich ist vielmehr, dass seit der Neuauflage von Martin Grabmanns 1919 zum ersten Mal erschienener kurzer, aber sehr gehaltvoller „Einführung in die Summa theologiae des heiligen Thomas von Aquin" im Jahre 1928 keine deutschsprachige Einführung in dieses wichtigste Werk der katholischen Theologie mehr erschienen ist.[5] Und dies obgleich sich in den letzten Jahren nach Otto Hermann Pesch auch unter den Theologen in Deutschland eine „regelrechte Thomas-Renaissance"[6] feststellen lässt.

Dem Mangel an einer solchen aktuellen Einführung versucht das hier vorliegende Buch abzuhelfen. Dabei geht es uns nicht darum, die wissen-

schaftliche Thomas-Forschung durch neue originelle Theorien weiterzu-
führen oder die thomistische Lehre „kreativ" fortzuentwickeln, sondern
schlicht eine Einführung in dieses wichtigste Werk der Theologiegeschichte zu bieten, die sich dankbar ebenso auf die Ergebnisse dieser
neueren Forschungen, die Grabmann natürlich noch nicht kennen und
einbeziehen konnte, wie auf das stützt, was die thomistische Schule im
Laufe der Jahrhunderte zu unserem Thema erarbeitet hat (vgl. Literatur). Systematisch verdankt dabei die Studie am meisten der „Isagoge"
des großen thomistischen Gelehrten Johannes a S. Thoma, dem Summenkommentar des französischen Thomisten Réginald Garrigou-Lagrange und der Habilitationsschrift von Wilhelm Metz, historisch den
Forschungen Grabmanns, Leonard Boyles und Jean-Pierre Torrells.

Die folgende Einführung versucht so vorzugehen, dass sie den Leser
nach und nach, gleichsam von außen her kommend, immer weiter ins Innere dieses Werkes führen möchte. So beginnt sie mit der historischen
Nachzeichnung des Entstehungsprozesses der literarischen Gattung der
Summen im Hochmittelalter überhaupt, zeigt dann, wie sich Thomas vor
dem Hintergrund seines übrigen literarischen Schaffens und seiner damit
verbundenen Lehrtätigkeit bewusst für diese Gattung entscheidet und
schließlich fast das ganze letzte Jahrzehnt seines Lebens damit zubringt,
sein Denken in dieser Gattung zu präsentieren. Fortgesetzt wird die Einführung durch einen kurzen Aufriss des Weiterwirkens der Summa in der
Geschichte der Theologie bis zum heutigen Tag (Kap. IV). Deutlich vom
hauptsächlich historischen zum systematischen Teil der Einführung leitet
Kapitel V über, das die äußere Architektur der Summa, angefangen vom
Titel bis hin zu den kleinsten Struktureinheiten, nachzeichnet. Mit der
Darstellung der Fachdiskussion um das Bauprinzip bzw. den Grundgedanken, der dieser Architektonik zugrunde liegt, treten wir schon tief ins
Innerste des Werkes ein. Gleichsam dort angekommen, lassen wir den
Blick rundum schweifen: auf die Quellen, die in dieses Werk eingegan-
gen sind, und die Formen der Interpretation seiner Texte. Das Kapitel IX
schließlich wendet sich der ersten Quaestion der Summe zu und zeigt,
wie diese als Schlüssel zum Verständnis des Gesamtwerkes zu verstehen
ist. Das folgende Kapitel gibt einen Überblick über alle großen Themen
der *Summa theologiae* in ihrer Anordnung und ihrem inneren Zusammenhang. Abgeschlossen wird die Einführung durch detaillierte An-
gaben zu den verfügbaren Textausgaben. Gemäß dem Einführungscha-
rakter wird jedes einzelne Kapitel (ausgenommen Kap. X) durch ein
kleines eigenes Literaturverzeichnis abgeschlossen, das in Auswahl die

wichtigste weiterführende Literatur zu dem Themenkomplex bietet. Dabei wurde neueren und deutschsprachigen Studien der Vorrang gegeben.

Literatur:

Johannes a S. Thoma., Isagoge ad D. Thomae Theologiam, in: Cursus theologicus in Summam theologicam D. Thomae, Bd. I, Ed. Paris 1883.

Antonio Masnovo, Introduzione alla Somma teologica di San Tommaso d'Aquino, Turin 1919.

A. Legendre, Introduction à l'étude de la Somme théologique de saint Thomas d'Aquin, Paris 1923.

Martin Grabmann, Einführung in die Summa theologiae des heiligen Thomas von Aquin, Freiburg/Br. [2]1928.

Johannes Ude, Die Autorität des hl. Thomas von Aquin als Kirchenlehrer und seine Summa Theologica, Salzburg 1932.

Santiago Ramírez, Introducción General a la Suma Teológica de Santo Tomás de Aquino, Madrid 1947.

A. Bernard, Présentation de la Somme théologique, Avignon 1954.

E. J. Gratsch, Aquinas' Summa. An Introduction and Interpretation, New York 1985.

Jean-Pierre Torrell, La „Somme de théologie" de saint Thomas d'Aquin, Paris 1998.

Wilhelm Metz, Die Architektonik der Summa Theologiae des Thomas von Aquin, Hamburg 1998.

II. Die Entstehung der literarischen Gattung der Summe in der Scholastik

Zwei Dinge sind für das Verständnis dessen, was *Summa* in dem Titel des Hauptwerkes des Aquinaten bedeutet, zentral:

(1.) Der Begriff *Summa* ist keine ursprünglich ausschließlich literarische Gattungsbezeichnung, sondern zunächst ein methodischer Begriff, der im Mittelalter zunächst in den Prologen frühscholastischer Werke nachweisbar ist: Er bezeichnet hier die übersichtlich-kurze Summierung, die ganzheitliche Zusammenstellung und durch eine bestimmte Idee geleitete Ordnung des vielfältigen Wissensstoffes, die bereits das Studium der *artes* lehrt. So schreibt Robert von Melun: „Was ist denn eine Summa? Doch eine kurze Zusammenfassung von Einzelheiten ... Eine Summa ist eine gedrängte Sammlung von Einzelheiten."[7] Erst durch das kürzende Ordnen oder noch besser: durch das didaktisch kluge Sichtbarmachen der bereits vorhandenen Ordnung, das nach Aristoteles die Aufgabe des Weisen (*officum sapientiae*) ist (Met I 2), wird sinnvolle Lehre und fruchtbares Lernen ermöglicht. – Also genau das, was die neu entstehenden Schulen und Universitäten des Mittelalters anzielen und was die Scholastik, die schulmäßige Erarbeitung und Vermittlung der Offenbarungsinhalte mit Hilfe der Philosophie, intendiert. Daher charakterisiert Peter Abaelard auch seine vor 1138 entstandene *Introductio ad theologiam* als eine „Summe des heiligen Unterrichts"[8]. Auch in der Medizin, der Rechtswissenschaft und der Philosophie, besonders in der arabischen, die für die zusammenfassende Darstellung aller philosophischen Traktate den Begriff „kullun", der dem lateinischen *summa* entspricht, verwendet, zeigt sich in jenen Jahren ein ähnlicher methodischer Zugang. Dieses Bedürfnis nach übersichtlicher Ordnung, dem die Summa entgegenkommt, hängt natürlich nicht nur mit dem Entstehen der Universitäten zusammen. Es wird außerdem ab der ersten Hälfte des 13.Jahrhunderts stark genährt durch das Bekanntwerden der Hauptschriften des Aristoteles, wichtiger Aristoteles-Kommentare und anderer Werke der arabisch-jüdischen Philosophie und Naturwissenschaft im Abendland sowie einer gewissen Neuentdeckung der griechischen, nun vielfach ins Lateinische übersetzten Väterwerke.

(2.) Die Summa hat als wichtige Vorläufer die Kompilationen, Florilegien, Abbreviationes und besonders Sentenzen der Frühscholastik: das heißt jene für Unterrichtszwecke erstellten Sammlungen wichtiger „Quellentexte", die zumeist aus dem reichen patristischen Erbe schöpfen. Im zweiten Drittel des 12. Jahrhunderts beginnt man schließlich, über eine rein kompilatorische Sammlung von Zitaten hinaus diese unter klaren Gesichtspunkten auszuwählen und ihnen dann eine ganz bestimmte Anordnung zu geben. Häufig nennt man die daraus entstehenden Werke dann eine *Summa sententiarum*. Erste Versuche dazu liefern Peter Abaelard, Hugo von St. Victor, Petrus Comestor und der bereits genannte Robert von Melun. Abaelard etwa wählt zur Strukturierung des Stoffes in seiner *Theologia scholarium* die drei systematischen Begriffe *fides, caritas* und *sacramentum*.[9] Im Unterschied zu Abaelard leitet Hugo seine Strukturierung des Stoffes in *opus conditionis* und *opus restaurationis* ganz aus der Heilsgeschichte ab: Das erste Buch seiner großangelegten Glaubenslehre *De sacramentis christianae fidei* „ist gebildet aus der Reihe der Darstellungen vom Anfang der Welt bis zur Fleischwerdung des Wortes; das zweite geht der Ordnung nach vor von der Fleischwerdung des Wortes bis zum Ende und zur Vollendung aller Dinge"[10]. Ähnlich auch der Nachfolger Abaelards in St. Geneviève, Robert von Melun († 1167), der seine unvollendet gebliebenen *Sententiae* in die zwei großen Hauptteile *sacramenta veteris testamenti* (Gottes-, Schöpfungs- und Erbsündenlehre) und *sacramenta novi testamenti* (geplant: Inkarnations-, Sakramentenlehre und Eschatologie) gliedert.

Zum Durchbruch schließlich verhilft dieser neuen theologischen Gattung in der Mitte des 12. Jahrhunderts (Endfassung 1155–58) jedoch erst der spätere Bischof von Paris, Petrus Lombardus († 1160), mit seinen *Libri IV sententiarum*. Diese suchen mit ihren an Augustinus angelehnten Einteilungskriterien *res* und *signa* bzw. *uti* und *frui* eine Synthese aus den eher an Abaelard angelehnten, von der Systematik bestimmten Strukturierungen und der von Hugo ausgehenden heilsgeschichtlich orientierten Summentradition herzustellen. Bezüglich des Feinaufbaus spiegeln sie deutlich den damaligen Lehrbetrieb. – Was wohl unter anderem auch zu dem Erfolg der Sentenzen des Lombarden, den man bald nur noch den *Magister Sententiarum* nannte, beitrug. Dem Franziskaner Alexander von Hales († 1245) war es vorbehalten, das im Vergleich zu seinen Vorgängern didaktisch nicht gänzlich unklug angelegte Werk 1223 als Erster an der Universität zu Paris als Grundlage einer kommentierenden Vorlesung eingeführt zu haben, nachdem sich bereits der bereits genannte Kanzler an der Kathedralschule von Paris, Petrus Comestor, in den 70er Jahren des 12. Jahrhunderts als einer der ersten Glossatoren der Sentenzen hervorgetan hatte.[11] Über drei Jahrhunderte sollte das Werk von da an zum obligatorischen Bestandteil des Theologiestudiums, an dem die Lehrer der Theologie ihre spekulativen Fähigkeiten beweisen konnten, werden. Auch Thomas hat die gesamten Sentenzen in einem Zeitraum von vier Jahren, zwischen 1252 und 1256 während seines ersten Pariser Lehraufenthaltes, kommentiert.[12]

Jede Einzelabhandlung beginnt mit der *lectura* oder *lectio*, die zunächst einfach die Texte der Autoritäten zitiert. Dieser Teil spiegelt die *lectio* als wichtigen Lehrvorgang in der Schule bzw. der Universität, bei dem Texte von Autoritäten (in der Theologie v. a. der Heiligen Schrift oder der Kirchenväter), nachdem Einleitungsfragen (Autorschaft, Abfassungszeit, literarisches Genus usw.) geklärt waren (*accessus ad auctores*), abschnittweise laut im Hörsaal vorgelesen wurden (*littera*). Sodann lässt Lombardus die *quaestio* und die *solutio* folgen. Auch diese spiegeln einfach den weiteren Verlauf der Lehrveranstaltung wider: Der *lectio* folgte die Kommentierung des Textes, d. h., er wurde vom Magister in Sinnabschnitte aufgeteilt (*divisio textus*), um dann im Folgenden Zeile für Zeile und Wort für Wort erklärt zu werden (*expositio*). Für diese Erklärung wurden natürlich zuallererst andere Bibelstellen, sodann die Schriften der Kirchenväter und zuletzt auch philosophische Autoritäten herangezogen. In einem weiteren Schritt wurden dann vermeintliche Widersprüche des interpretierten Textes mit den Aussagen des kirchlichen Lehramtes sowie den Zeugen der Tradition und der natürlichen Vernunft diskutiert, mit dem Ziel, die Widersprüche zu entschärfen bzw. zu harmonisieren (*exponere reverenter*).

Im Anschluss an diesen eigentlichen Kommentar erfolgten die *dubia*: Das heißt, die Studenten durften ausgehend vom Text Fragen stellen, die der Magister dann beantwortete. Aus diesem zunächst dem Kommentar nur angehängten Teil entwickelte sich im Laufe der Zeit, wohl auch unter dem Bedürfnis, das verhältnismäßig enge Korsett, das die Sentenzen dem Kommentator anlegten, zu sprengen, die *quaestio* als die zweite große Aufgabe des Universitätslehrers im Hochmittelalter: Neben den regelmäßigen privaten, nur im engeren Kreis der Studenten gehaltenen Disputationen, denen in entfernter Weise unsere heutigen Seminarveranstaltungen entsprechen, musste der Magister mehrmals im Studienjahr auch öffentliche Disputationen, die *Quaestiones disputatae*, durchführen. Zweimal in jedem Jahr, in der Advents- und Fastenzeit, fanden diese in

feierlicher Form statt (die *Quodlibeta*). Ihr Thema, das meist in einer inhaltlich klar begrenzten These bestand, wurde einige Wochen vor der
Disputation öffentlich angekündigt. In der Veranstaltung, die insgesamt
drei Stunden dauerte, brachten zunächst Lehrer und Studenten Gegen-
argumente zur angekündigten These vor. Der zu Füßen des Magisters
sitzende dienstälteste Bakkalaureus versuchte dann diese durch Gegen-
argumente zu entkräften. Erst am darauf folgenden Tag wurde der Magister aktiv: Ausführlich formulierte und begründete er seine These und
widerlegte – Bezug nehmend auf die Äußerungen seines Assistenten –
die vorgebrachten Einwände. In einem nicht näher festgelegten, ange-
messenen Zeitraum erstellte der Magister nach der Disputation eine
schriftliche Fassung des Diskussionsverlaufes und übergab sie der Uni-
versitätsbuchhandlung zur Veröffentlichung (handschriftliche Vervielfäl-
tigung!). Auch von Thomas sind uns eine Vielzahl bedeutender Quaestionen überliefert. Da die „Summa theologiae" des Aquinaten, wie wir
noch sehen werden, ebenfalls im engsten Zusammenhang mit dem
mittelalterlichen Lehrbetrieb steht, spiegelt auch hier jeder Artikel dieses Werkes, freilich in stark vereinfachter Weise, den Ablauf einer solchen *quaestio* (vgl. dazu Kapitel V).

Neben den Quaestionen und teilweise strukturell auch aus diesen her-
vorgehend entwickelt sich aus dem Verlangen nach einer größeren Selb-
ständigkeit bei der Zusammenfassung eines Wissensstoffes, das mit der
zunehmenden Verwissenschaftlichung der Theologie an den Universitäten in einem wechselseitigen Verhältnis steht, schließlich um die Wende
vom 12. zum 13. Jahrhundert die *Summa* als ein eigenes theologisches
Genre bzw. als eigene theologische Gattung, als theologischer Gesamtentwurf, als eigenständig-kreative Darstellung der gesamten spekulativen Theologie. Als Urtyp der neuen Gattung, mit besonders großer
Wirkung auf die Dominikanerschule, gilt die aus dem zweiten Jahrzehnt
des 13. Jahrhunderts stammende *Summa aurea* des Pariser Magisters
Wilhelm von Auxerre. Wichtige Funktionen haben in diesem Anfangssta-
dium auch die theologischen Summen der ebenfalls in Paris lehrenden
Magistri Martin von Cremona, Petrus von Capua (†ca. 1219), Simon von
Tournai (†ca. 1216) und Praepositinus von Cremona (†ca. 1230) sowie
die Summe *Ne transgrediaris* des Gerardus Novariensis (†ca. 1211), die
nach Arthur Landgraf die Entwicklung von der Glossenliteratur zur
Summendarstellung besonders gut deutlich macht[13], und die zwischen
1194 und 1200 entstandene Summe *Colligite fragmenta* des Magister Hubertus, die schon fundamentale Elemente der Architektur der *Summa*

theologiae des Aquinaten antizipiert. Mit Hilfe der aristotelischen Logik erarbeiten sie eine Gesamtdarstellung der Theologie, die „teilweise schon die in der Summa des hl. Thomas angewandte Methode und Technik vorbereitet"[14], die scholastische Terminologie nachhaltig prägt und auch die großen Themenfelder, die später die Summen der Hochscholastik behandeln werden, ausführlich erschließt. Am Beginn der Hochscholastik steht die sehr einflussreiche, wenn auch unvollendet gebliebene *Summa Theologiae* des Franziskaners Alexander von Hales († 1245). Etwa zur selben Zeit verfasst auch der Lehrer des hl. Thomas, Albertus Magnus († 1280), eine *Summa de creaturis*, später eine eigene, ebenfalls unvollendet gebliebene *Summa theologica*.[15]

Mit Marie-Dominique Chenu[16] lässt sich zusammenfassend feststellen, dass alle Summen der Hochscholastik einen dreifachen Zweck verfolgen, der dieser neuen literarischen Gattung, die interessanterweise schon kurz nach dem Tod des Aquinaten weitgehend im Zuge eines mit Duns Scotus neu erwachten Interesses an der spezialisierenden Diskussion spekulativer Einzelfragen verschwinden wird[17], ihr ganz eigenes Gepräge geben:
– Ihr enzyklopädischer Zweck: Die Summa soll auf möglichst übersichtlich-knappe und doch vollständige Weise das wissenschaftliche Gesamtgebiet einer Disziplin zur Darstellung bringen.
– Ihr synthetischer Zweck: Die Summa lebt von dem, was der bekannte französische Philosoph Jacques Maritain „distinguer pour unir: Unterscheiden um zu vereinen"[18] genannt hat: Nach dem analytischen gedanklichen Zergliedern eines Themas ordnet sie die Gegenstände synthetisch neu zu einem ganzheitlichem gedanklichen Gebilde höherer Art.
– Ihr pädagogischer Zweck: Die Summa möchte ein Lehrbuch sein und folgt so didaktisch-pädagogischen Prinzipien; d. h. zum Beispiel, dass sie nach Möglichkeit unnötige Wiederholungen vermeidet, vom weniger zum mehr Allgemeinen aufsteigt und so immer wieder auf einige große Leitmotive zurückkommt usw.

Literatur:
Alois Dempf, Die Hauptform mittelalterlicher Weltanschauung. Eine geisteswissenschaftliche Studie über die Summa, München – Berlin 1925.
Alois Grillmeier, Vom Symbolum zur Summa, in: J. Betz u. a. (Hrsg.), Kirche und Überlieferung (Festschrift Geiselmann), Freiburg/Br. 1950, 156–164.
Martin Grabmann, Geschichte der scholastischen Methode, Bd. 2, ND Graz 1957, 21–32.

Henry Cloes, La systématisation théologique pendant la première moitié du XIIe siècle, in: EThL 34 (1958) 277–329.

Richard Heinzmann, Die Summe „Colligite fragmenta" des Magisters Hubertus. Ein Beitrag zur theologischen Systembildung in der Scholastik, München u. a. 1974.

R. Berndt, La Théologie comme système du monde. Sur l'évolution de la structure des sommes de théologie de Hugues de St-Victor à saint Thomas, in: RScPhTh 78 (1994) 555–572.

Marcia L. Colish, Peter Lombard, 2 Bde., Leiden 1994.

Ulrich G. Leinsle, Einführung in die scholastische Theologie, Paderborn 1995, 16–68.

Wilhelm Metz, Summe, in: Joachim Ritter u. a. (Hrsg.), Historisches Wörterbuch der Philosophie, Bd. 10, Darmstadt 1998, 588–592.

W. Knoch, Die theologische Summa. Zur Bedeutung einer hochmittelalterlichen Literaturgattung, in: U. Schaefer (Hrsg.), Artes im Mittelalter, Berlin 1999, 151–160.

Ruedi Imbach, Summa, in: ^{3}LThK IX (2000) 1112–1117.

III. Die Entstehung der Summa theologiae des Aquinaten

Bei der Einordnung der Schriften des hl. Thomas kann man – folgt man der Kategorisierung nach den jeweiligen professionellen Kontexten – unterscheiden zwischen Schriften, die einen direkten Niederschlag seiner akademischen Lehrtätigkeit darstellen, also zuerst im Hörsaal vorgetragen und später veröffentlicht wurden, und solchen Arbeiten, die außerhalb des regulären Lehrplans, als schriftstellerische Leistung aus mehr eigener Motivation oder als Auftragsarbeiten, entstanden sind.[19] Wobei letzte immer natürlich auch adressatenbezogen, das heißt in fast allen Fällen für die „Schule" gedacht und entsprechend gestaltet sind. Auch sie haben teil an dem, was man mit Gauthier und Torrell „apostolisches Erkenntnisinteresse" nennen könnte.[20]

Zu den Schriften, die ein unmittelbares Produkt der Lehrtätigkeit sind, zählen vor allem die Kommentare des Thomas zu Büchern der Heiligen Schrift, die in den letzten Jahren das vermehrte Interesse auch deutschsprachiger Thomas-Forscher gefunden haben, und die bereits erwähnten großen Quaestionen des Aquinaten. Für die Einordnung der *Summa theologiae* in das Gesamtwerk des Aquinaten und damit für die Kenntnis der Entstehung dieses Werkes von größtem Interesse ist jedoch dessen Sentenzenkommentar.

1. Der Sentenzenkommentar

Thomas kommentierte die gesamten Sentenzen des Petrus Lombardus in einem Zeitraum von vier Jahren zwischen 1252 und 1256, als Bakkalaureus während seines ersten Pariser Lehraufenthaltes. Wie uns nicht zuletzt unsere unmittelbare theologische Vergangenheit zeigt, ist ein Kommentar natürlich fast immer mehr als nur eine einfache Inhaltsangabe des kommentierten Werkes. Dies war im Mittelalter nicht anders: Weiß man die Sentenzenkommentare zu lesen, verraten sie mehr über ihre Autoren, als man gemeinhin anzunehmen geneigt ist, und erweisen sich trotz der vorgegebenen Basis als verhältnismäßig eigenständige theologische Werke: Nicht nur, dass Thomas in diesem Kommentar mehr als 2000-mal Aristoteles zur spekulativen Entfaltung der Heiligen Schrift und der Lehren der Kirchenväter, unter denen auch für Thomas Augustinus den Primat innehat, heranzieht. Noch bezeichnender ist es, dass er den Aufbau, den der Lombarde seinem Werk gab, grundlegend umstrukturiert. Der Lombarde hat seinen Sentenzen das augustinische Schema von *res* und *signa* bzw. *uti* und *frui* (Dinge, die wir genießen, und Dinge, deren wir uns bedienen) zugrunde gelegt. Thomas nun verändert diese etwas unsystematisch scheinende, durch ihre Beachtung der Psychologie des Menschen einen gewissen Hang zu einer anthropozentrischen Theologiekonzeption besitzende, ursprüngliche Grundstruktur so, dass nun Gott selbst ganz im Mittelpunkt steht. Denn die Theologie hat von den Dingen zu handeln, „insofern sie von Gott gleichsam wie von ihrem Prinzip ausgehen und zu Gott als ihrem Endziel zurückkehren" (Sent. I, 2). Den Ausgang behandelt Thomas im I. und II. Buch, die Rückkehr in Buch III und IV seines Kommentars.[21]

An dieser Umstrukturierung wird bereits in seinem bedeutendsten Frühwerk ein Grundzug im Leben und Denken des Aquinaten deutlich, der uns immer wieder, gleichsam wie ein alles zusammenhaltendes Leitmotiv oder wie ein roter Faden, im Leben und Werk des Thomas, in besonders ausgeprägter Weise jedoch in seiner Summa theologiae begegnet: Gott ist der Mittelpunkt, das Zentrum des ganzen Welt- wie Heilsgeschehens. Der Mensch, aus Gott hervorgegangen und zu ihm zurückstrebend, ist sowohl in der natürlichen als auch der übernatürlichen Ordnung ganz von Gott abhängig. Konsequent muss der Theologe diese Einsicht in seinem Leben und Werk umsetzen.

2. Bereits beim Ordensstudium eingesetzte Lehrbücher

Fünf Jahre nach Abschluss des Sentenzenkommentars wird Thomas auf dem Generalkapitel seines Ordens zu Neapel zum Lektor am Dominikanerkonvent zu Orvieto ernannt. Nur etwa 10 Prozent der Dominikaner, die im 13. Jahrhundert zum Priesteramt ausgebildet wurden, hatten das Glück, an einem der ordenseigenen großen Studienhäuser, den *studia generalia,* zu studieren. Die große Mehrheit wurde in ihren jeweiligen Konventen ausgebildet. Diese Ausbildung war weniger ein wissenschaftliches Studium als eine Berufsausbildung. Die jungen Ordensbrüder wurden hier auf ihre späteren priesterlichen Tätigkeiten, vor allem auf das Predigen und die Spendung des Beichtsakramentes, vorbereitet. Diese Ausbildung zu leiten war nun die Aufgabe des Thomas. Dabei standen ihm einige von Ordensbrüdern verfasste Handbücher, die er dem Unterricht zugrunde legen konnte, zur Verfügung. So etwa die im Geburtsjahr des Aquinaten verfasste *Summa de casibus* des Raymund von Peñafort oder die *Summa vitiorum* und die aus dem Jahr 1236 stammende *Summa virtutum* des Wilhelm Peyraut. Wahrscheinlich ist in diesem Zusammenhang in Thomas die Idee der Abfassung einer neuen Summe der Theologie gereift. Denn die zur Verfügung stehenden Handbücher waren nicht nur didaktisch äußerst unklug aufgebaut, lückenhaft und systematisch unzureichend gegliedert. Generell kamen in ihnen dogmatische Fragen zugunsten der Themen praktischer Theologie zu kurz. Hinter kasuistischen Einzelfragen trat der Blick auf das Ganze des christlichen Heilsmysteriums zu stark in den Hintergrund. Die Unzufriedenheit mit diesen Büchern war es wohl, die Thomas bereits in Orvieto dazu führte, den Plan sowie erste Vorarbeiten zu einem neuen Handbuch für Anfänger in der Theologie zu entwerfen. Zur Ausführung gelangte dieser Plan aber erst einige Jahre später, als Thomas von seinem Orden nach Rom geschickt wurde.

3. Die Summa theologiae als Ergebnis eines Experimentes

Dass die beschriebene Unzufriedenheit des Thomas mit der Ausbildung in Orvieto nicht etwa an den überzogenen Ansprüchen des gelehrten Magisters lag, zeigt eine Feststellung des Provinzkapitels vom 8. September 1265 in Anagni, an dem neben seinem ehemaligen Lehrer Albertus Magnus auch Thomas in seiner Eigenschaft als Generalprediger teilnahm: Ausdrücklich beklagt dieses den besorgniserregenden Zustand der Ausbildung in der römischen Provinz und beschließt die Gründung eines Studienhauses in der Ewigen Stadt. Rom war damals eine Kleinstadt, die knapp 20000 Einwohner zählte und vor allem von Klerikern und Pilgern bevölkert wurde. Auf einem der sieben Hügel Roms, auf dem Aventin, bei der antiken Basilika Santa Sabina und mit Blick auf den Vatikan, liegt einer der ältesten Konvente des Dominikanerordens, den noch Dominikus selbst vom Heiligen Stuhl geschenkt bekommen hatte. Es ist nicht unwahrscheinlich, dass die Idee dieser Gründung eines Provinzstudiums im Konvent von S. Sabina auf eine Anregung des Thomas selbst zurückgeht. Torrell und Boyle bezeichnen das Studium dort als *studium personale*, d. h., es handelte sich um ein Experiment, in dem Thomas ohne einen Bakkalaureus oder Lektor, aber ausgestattet mit seiner vierjährigen Lehrerfahrung in Orvieto, das Studium ganz nach seinen Vorstellungen einrichten und organisieren konnte.[22]

Natürlich orientiert sich Thomas bei der Ausgestaltung des ihm anvertrauten Experimentes eng an dem, was er während seines eigenen Studiums und seiner bisherigen Lehrtätigkeit kennen lernen konnte. Er versucht in Rom Formen des Pariser Studienbetriebes einzuführen. Dass dies selbstredend nur in einem sehr kleinen Umfang möglich ist, versteht sich von selbst. Thomas hatte, wie bereits erwähnt, keinen Assistenten oder Lektor zur Verfügung, der ihn bei seinen Lehraufgaben hätte unterstützen können. Dennoch kann er in Eigenarbeit die wichtigsten Veranstaltungen eines solchen Lehrbetriebes durchführen: Zunächst kommentiert er wieder fortlaufend ein biblisches Buch. Täglich finden die ordentlichen Disputationen statt. Und hier sind wir sehr genau darüber unterrichtet, dass die uns unter dem Titel *De potentia* überkommene Disputationssammlung im ersten Jahr der römischen Lehrtätigkeit entstanden ist.

Dass Thomas die in den kleineren Studienhäusern seines Ordens gebräuchlichen Handbücher bei seinem römischen Experiment nicht eingesetzt hat, wird nach dem bereits dazu Gesagten kaum verwundern. Stattdessen hat er, vermutlich ebenfalls in der Zeit von 1265 bis 1266, wieder die Sentenzen des Petrus Lombardus kommentiert. Darauf deuten bereits zwei früher für zweifelhaft gehaltene, heute durch interessante Funde der Leoninakommission, die mit der historisch-kritischen Ausgabe des Werkes des Aquinaten betraut ist, in ihrer Glaubwürdigkeit jedoch bestätigte Zeugnisse von frühen Biographen des Thomas hin. Ptolemäus von Lucca bemerkt, dass Thomas, „als er in Rom weilte, einen Kommentar über das erste Buch der Sentenzen verfasst" habe, den er selbst einmal in Lucca sehen konnte.[23] Und Bernardo Gui hat diese Aussage aufgegriffen und bemerkt: „Als Thomas in Rom war, schrieb er auch einen Kommentar zu dem ersten Buch der Sentenzen, wie in der Chronik des Herrn Bruders Ptolemäus, Bischof von Torcello, bezeugt wird, der sein Jünger und Student war und der erklärt, das er es im Konvent von Lucca gesehen hätte ..."[24] Dabei benutzte Thomas natürlich seine bereits in Paris entstandenen Aufzeichnungen, freilich nicht ohne diese zu überarbeiten. Aber auch diese Revision seines Sentenzenkommentars schien Thomas nicht zufrieden zu stellen, so dass er begann, ein eigenes Lehrbuch abzufassen: die *Summa theologiae*. Damit wurde na-

türlich die verbesserte „zweite Auflage" des ersten Buches des Sentenzenkommentars überflüssig, und Thomas zog wohl die bereits im Dominikanerorden im Umlauf befindlichen Exemplare dieses Werkes zurück,
hat aber sehr wahrscheinlich den dafür erarbeiteten Stoff bei der Abfassung des ersten Teiles seiner Summa theologiae mitverwendet.[25]

4. Der Prolog der Summa theologiae

Wenn auch unklar ist – und die meisten Forscher es sogar ernsthaft be-
zweifeln[26] –, ob Thomas das in der *Summa theologiae* schriftlich Nieder-
gelegte jemals auch seinen Hörern in Rom vorgetragen hat, beim Hören
der ersten Worte aus dem Prolog dieses Werkes können wir gleichsam
seine jungen Hörer in Rom vor uns sehen, für die dieses Werk u. a. doch
gedacht ist: „Der Lehrer der katholischen Wahrheit hat nicht nur die
Aufgabe, die Fortgeschrittenen tiefer in die Wissenschaft einzuführen; er
soll sich – nach 1 Kor. 3,1: ‚Ich gab euch, gleichsam Kindern in Christus,
Milch zur Nahrung, nicht feste Speise' – auch dem Unterricht der Anfänger widmen. Darum wollen wir in diesem Werke den Inhalt der christlichen Religion so darstellen, dass auch Anfänger folgen können."[27]

Bereits hier, in dem ersten Satz der *Summa theologiae*, macht Thomas
die zwei zentralen Aspekte, die das Ziel seines Unternehmens prägen,
deutlich:

Zum einen die didaktisch-pädagogische Absicht. Als Lehrer aus voller
Leidenschaft, von dem überliefert ist, dass er immer wieder Gott in
seinen Gebeten bat, dem Ende des Lehrens möge das Ende des Lebens
folgen, möchte er ein Lehrbuch für die Theologiestudenten schreiben.[28]
Auch wenn aufgrund der Ansprüche, die das Studium der *Summa* heute
an einen Theologiestudenten stellt, immer wieder daran gezweifelt
wurde, ob es Thomas mit dieser Absichtserklärung sehr ernst gemeint
habe, er die intellektuellen Fähigkeiten seiner Hörer einfach überschätzt
habe bzw. ihm die Umsetzung dieses Zieles wirklich gelungen ist[29], so
lässt es sich doch als grundlegend sowohl bezüglich des Kontexts als
auch der Durchführung anerkennen: Denn liest man im Text weiter, so
gibt er doch sehr gut die beschriebenen Erfahrungen wieder, die Thomas
in Orvieto mit den dort gebrauchten Handbüchern, wohl aber auch bei
der Kommentierung der Sentenzen gemacht hat: „Wem nämlich dieser
Stoff noch neu ist, der wird bei seinem Studium durch die Eigenart der
vorhandenen Lehrbücher eher gehemmt als gefördert. Nutzlose Fragen,

Artikel, Beweisführungen häufen sich; man bietet den Lehrstoff nicht in planvoller Ordnung, sondern wie es die Erklärung des jeweiligen Textes verlangt oder wo sich gerade Gelegenheit zu einer Auseinandersetzung zeigt. Bei solchem Vorgehen sind häufige Wiederholungen und damit für den Hörer Unklarheit und Überdruss unvermeidlich."[30]

Damit stehen diese Lehrbücher für Thomas in einem unübersehbaren Kontrast zu den Schriften des Aristoteles, an denen er immer wieder gerade „die großartige Umsicht und Ordnung im methodischen Vorgehen" (De unit. intell., 1) sowie die „wunderbare Kürze" (In Periherm. I, 7) würdigt. In diesem Spannungsfeld von Ideal und Wirklichkeit also ist die Geburtsstunde der *Summa* des Thomas zu suchen. An ihrem Eingang verspricht uns denn der Autor auch: „Wir werden derartige Fehler zu vermeiden suchen und wollen mit Gottes Beistand den Inhalt der hl. Lehre so kurz und so klar vorlegen, wie es der Gegenstand erlaubt."[31] Bei der Durchführung der *Summa* zeigt sich dann auch, wenn man sie mit anderen Summen, den gebräuchlichen Handbüchern und den Sentenzen des Lombarden vergleicht, dass Thomas dieses Anliegen tatsächlich gut umsetzen konnte. Und zwar nach Grabmann schon in der rein formalen Gliederung der *Summa theologiae*: Während etwa sein Kölner Lehrer Albert seine *Summa theologica* in *partes, quaestiones, membra* und *articuli*, die sich nicht selten noch einmal in *quaesita* verzweigen, aufteilt, wählt Thomas die klare und einfache Gliederung in Teile, die sich aus *quaestiones* aufbauen, die sich wiederum in Artikel aufteilen. Thomas streicht nun hier zudem deutlich nachvollziehbar spitzfindige und unnütze Fragen, die in anderen Summen nicht selten anzutreffen sind, die auch er in seinem Sentenzenkommentar unter dem Zwang des Vorgegebenen noch kommentiert hatte und die der Scholastik in der Renaissance einen schlechten Ruf eingebracht haben.[32] Auch die genaue Sicht auf die Struktur der einzelnen Artikel der theologischen Summe, die wir noch ausführlich darstellen werden, zeigt, wie Thomas hier – und zwar auch gegenüber seinen eigenen *Quaestiones disputatae* oder der *Summa contra gentiles* – die von ihm kritisierte „Anhäufung nutzloser Argumente" (*multiplicatio inutilium argumentorum*) zugunsten einer tief schürfenden Konzentration vermeidet. Erst jüngst hat Thomas Marschler anhand des Traktates von der Auferstehung und Himmelfahrt nachgewiesen, wie deutlich sich bis hin zur Summe des Thomas in der gesamten Summenliteratur von der Summa Halensis bis hin zu jener Alberts ein Trend zu einer immer breiteren Darstellung der obligatorischen Fragepunkte, ja geradezu eine „Enzyklopädisierung" ausmachen lässt: „immer mehr Argumente bzw. Objektionen, immer differenziertere Antworten, immer genauere Untergliederungen eines Artikels"; ein Trend, den Thomas dann ganz bewusst und, wie die Durchführung des genannten Traktates in der Summa theologiae zeigt, auch erfolgreich im Interesse größerer Präzision und Knappheit durchbricht.[33]

Doch Thomas dachte wohl, wie Torrell bemerkt, primär nicht an die mit der Unterrichtung nach der Summa gegebenen Schwierigkeiten, als vielmehr an die Einordnung des umfassenden Stoffs „in ein Gesamtkorpus, das den Studierenden nicht nur eine Abfolge von mehr schlecht als recht nebeneinander gestellten Fragen, sondern eine organische Synthese bieten sollte, die es ihnen erlauben würde, die inneren Verbindungen und auch die Kohärenz des Systems wahrzunehmen"[34]. Gerade daran mangelte es etwa den Sentenzen des Lombarden und daher allzu oft auch den dazugehörigen Kommentaren. Noch im 16. Jahrhundert bemerkte der Dominikaner Melchor Cano († 1560) in seinem bekannten Werk über die *loci theologici* zu diesen Sentenzen: „Abgesehen von dem Wort ‚distinctiones‘, durch das die Bücher eingeteilt werden, lässt sich fast nichts finden, was sinnvoll unterschieden oder korrekt und ordnungsgemäß verteilt wäre. Es ist wohl besser, hier von einer Ansammlung von Zitaten als von einer planvollen Ordnung des Lehrstoffs zu sprechen … Von daher sind auch die Werke der Scholastiker, die sich eng an dieses Werk halten, vollkommen verworren und chaotisch."[35] Diese Tatsache steht freilich, wie immer wieder betont wird[36], mit dem Erfolg, den die Sentenzen dennoch in der Theologiegeschichte des Mittelalters und der frühen Neuzeit hatten, in einem seltsamen Kontrast.

Wir werden im Folgenden (Kap. V und VI) noch sehen, wie es Thomas gelingt, seiner Summe einen klar strukturierten Aufbauplan (*ordo disciplinae*) zu geben, der wiederum über einige große, mit Hilfe der *reductio* gewonnene Leitmotive das ganze Werk bis in die einzelnen Artikel hinein prägt und dieses so nicht nur zu einer organischen Synthese macht, sondern zudem auch den *ordo rerum* der Glaubenswelt getreu widerspiegelt. Von daher ist es auch zutreffend, wenn Franz Diekamp in seiner bekannten „Dogmatik nach den Grundsätzen des hl. Thomas" feststellt: „Der große Lehrer hat diese Summa für die *incipientes* oder *novitii theologiae* geschrieben, und diesem Zwecke entspricht sie durchaus. Eine wunderbare Klarheit ist über das Ganze ausgegossen, eine Durchsichtigkeit des Planes, eine Einfachheit und wissenschaftliche Genauigkeit der Sprache, die unübertroffen sind."[37]

Der zweite Aspekt, der das Ziel der Summa mitkonstituiert, ist sozusagen die Inhaltsangabe: Thomas will alles, was „sich auf die christliche Religion bezieht", bzw. wie die Deutsche Thomasausgabe übersetzt, den gesamten „Inhalt der christlichen Religion darstellen".

Das heißt, Thomas möchte nicht nur eine bestimmte Disziplin abhandeln, sondern den Gesamtinhalt der christlichen Religion darstellen, also eine *Summa* im Vollsinne des Wortes verfassen. Was heute in eine Vielzahl von Disziplinen innerhalb der Theologie zerfallen ist – nicht selten wie zwischen Systematik und Exegese einen tiefen Graben zurücklassend –, kommt bei Thomas noch einmal in einer großen organischen Zusammenschau zueinander: „Es werden hier die biblischen und patristischen Grundlagen und Materialien der Glaubenswissenschaft allüberall erörtert; die Dogmatik tritt uns als ein großes spekulatives System in ihrer vollen Tiefe entgegen; die christliche Moral auch in ihren juridischen und soziologischen Anwendungen wird mit größter Ausführlichkeit und Gründlichkeit dargelegt; das kanonische Recht wird, soweit es für die theoretische systematische Theologie von Belang ist, von Thomas in einem größeren Umfang, als dies bei anderen zeitgenössischen Scholastikern der Fall ist, berücksichtigt; für die kirchliche Liturgie und ihre Symbolik bekundet er reichliches Verständnis; endlich ist auch die Theorie der christlichen Mystik diesem Lehrgebäude eingefügt. Doch nicht bloß den Inhalt der christlichen Religion will die theologische Summa in großem Stile wissenschaftlich darstellen; sie schenkt ihr Augenmerk vor allem auch den philosophischen, den metaphysischen, psychologischen und ethischen Grundlagen der spekulativen Theologie, und dies in einem Maße wie keine andere frühere theologische Summe."[38]

Die genannten Eigenschaften der theologischen Summe des Aquinaten haben dazu geführt, diese immer wieder mit den großen gotischen Kathedralen des Hochmittelalters zu vergleichen. Dafür spricht bereits ansatzweise eine biographische Besonderheit im Leben des Thomas: Dieser kommt, um bei Albertus Magnus sein Studium in Köln aufzunehmen, genau zu jenem Zeitpunkt in die Stadt am Rhein, als am 15. August, dem Fest Mariä Himmelfahrt des Jahres 1248, der Kölner Erzbischof Konrad von Hochstaden den Grundstein zu dieser Kathedrale legt, und es ist nicht unwahrscheinlich, dass Albert, der in einer seiner Schriften die Bauarbeiten ausdrücklich erwähnt, und sein berühmtester Schüler bei diesem Ereignis zugegen waren. Aber auch inhaltlich lassen sich gewisse Parallelen ausmachen: Bereits im Mittelalter war man der Überzeugung, dass sich die metaphysische Wahrheit in der Schönheit, die wiederum durch die Vollständigkeit, das gebührende Maßverhältnis und die Klarheit konstituiert wird[39], ausdrückt. Die Schönheit der Kathedrale folgt also den gleichen Baugesetzen, die Thomas im Prolog zum Ziel seiner Summe erklärt. Das Individuelle wird in der gotischen Kathedrale wie in der Summa in ein Gesamtkonzept aufgenommen, in dem mit faszinierender Präzision und Klarheit jedes Einzelteil seine Aufgabe im wohl proportionierten Ganzen hat – und diesem in solcher Unterordnung dient, die jenes erst wirklich sein lässt, was es ist.[40]

5. Abfassungszeit

Während die grobe Datierung der *Summa theologiae* einigermaßen eindeutig feststeht – sie wurde innerhalb von sieben Jahren, von 1266 bis 1273 in Rom, (Viterbo,)[41] Paris und Neapel abgefasst –, bietet die genaue Datierung der einzelnen Teile nach wie vor erhebliche Schwierigkeiten.

Von dem ersten Teil der Summa (der Prima pars = Ia) wissen wir, dass er in Rom (und Viterbo), in den Jahren von 1266 bis 1268 im Anschluss an die Aufgabe der Überarbeitung des Sentenzenkommentars verfasst wurde. Noch bevor Thomas Rom verließ, um in Paris ein zweites Mal Professor an der dortigen Universität zu werden (wahrscheinlich im Spätherbst 1268), zirkulierten bereits Abschriften der *Prima* in Italien. Dabei können wir zudem davon ausgehen, dass der vierte Artikel der 79. Quaestion der Prima erst nach dem 22. November 1267 fertiggestellt wurde, da er aus der Paraphrase des Themestius zur aristotelischen Schrift *De anima*, die zu diesem Zeitpunkt von Wilhelm von Moerbeke übersetzt wurde, zitiert. Parallel zur Arbeit an der Prima kommentierte Thomas zudem das Buch Ijob (1269–70) und die eben genannte Schrift *De anima* (1269–70). Diese Feststellung ist für die Deutung der Summa nicht ganz unwichtig. Es stellt sich doch hier die Frage: Warum beginnt Thomas mitten in seiner Arbeit an der Summe, die für ihn sehr viel bedeutete[42], auch noch einen zeitaufwändigen Kommentar zu den drei Büchern des Aristoteles über die Seele, die ihm in der neuen lateinischen Übersetzung durch Wilhelm von Moerbeke zugänglich sind, zu verfassen? Wir wissen nichts davon, dass ihn jemand um diese Arbeit gebeten hätte, auch Vorlesungen zu Aristoteles hat Thomas nie gehalten. Die Gründe müssen also woanders liegen. Der Herausgeber des Textes in der *Editio Leonina*, Pater Gauthier, hat hier sehr einleuchtende Gründe gefunden[43]: Die Zeit der Arbeit am Kommentar zu *De anima* fällt genau mit der Zeit der Abfassungen jener Quaestionen in der *Summa theologiae* zusammen, die in der Schöpfungslehre von der menschlichen Seele (Ia qq.75–89) handeln. In diesem Zusammenhang war Thomas offensichtlich sehr daran gelegen, freilich auch gelockt durch die neue, gute Übersetzung des Wilhelm, seine theologischen Spekulationen durch aristotelische Gedanken zu verfeinern. Ähnlich wird er später die Ethik des Aristoteles genau in jenem Zeitraum kommentieren, in dem er die *Secunda* seiner Summa schreibt. Aristoteles wird also niemals zum Selbstzweck oder gar aus Liebe zur Philologie studiert. Er ist nur ein wichtiges Werkzeug, das der Theologe für sein eigentliches Handwerk benötigt, das wiederum in den Diensten des Apostolates steht.

Umstritten ist die genaue Datierung des ersten Buches des zweiten Teiles (der Prima Secundae = Ia–IIae). Textinterne Kriterien haben den bereits erwähnten Gauthier und viele Jahre zuvor O. Lottin dazu gebracht anzunehmen, Thomas habe seine Arbeit an diesem Teil erst 1271 aufgenommen. Dies zeige sich unter anderem daran, dass er in der Prima Secundae die „Rhetorik" des Aristoteles sehr häufig zitiert, diese ihm aber erst gegen Ende des Jahres 1270 verfügbar war. Auch Torrell hat sich dieser Position weitgehend angeschlossen.[44] Die Gegner dieser These führen ins Feld, dass nach solcher Rekonstruktion Thomas in einem Zeitraum von 1½ Jahren nicht nur den gesamten zweiten Teil seiner Summa (also auch die Secunda Secundae = IIa–IIae), sondern zudem noch den Anfang (die ersten 20 bis 25 Fragen) des dritten Teiles (der Tertia = IIIa) begonnen haben müsste. Die Bewältigung eines solchen Arbeitspensums ist selbst bei der überragenden geistigen Energie, die Thomas ganz ohne Zweifel besessen haben muss, und den praktischen Hilfen, die ihm zur Verfügung standen (s. u.), nur sehr schwer vorstellbar. Daher nimmt die Mehrzahl der Thomas-Forscher (u. a. Eschmann, Glorieux, Walz, Weisheipl, O'Meara, Kettern) an, dass die Prima Secundae 1269 begonnen und im Sommer 1270 fertiggestellt wurde. Die Arbeit an dem zweiten Teil der Summa wurde von Thomas noch in den großen Semesterferien fortgesetzt und zum Jahreswechsel 1271/72 abgeschlossen.[45] Parallel zur Secunda kommentierte Thomas das Johannesevangelium (1269–72) und schrieb seine Kommentare zur Physik (1269–70) und Ethik (1271) des Aristoteles.

Weitgehend einig sind sich die Forscher wieder darin, dass Thomas seine Arbeit an der *Tertia* sofort im Anschluss an die Beendigung der Secunda aufnahm und an dieser bis zum 6. Dezember 1273 arbeitete.

6. Die Arbeitsweise des Thomas

Wie bereits erwähnt, ist es geradezu erstaunlich, welches Arbeitspensum Thomas gerade in den Jahren, in denen seine *Summa theologiae* entstanden ist, zu bewältigen vermochte. Einer seiner ersten Schüler, Ptolemäus von Lucca, staunte noch vier Jahrzehnte nach dem Tod seines Lehrers: „Es ist wunderbar, dass er so viel schreiben konnte, wo er doch im Vergleich zu anderen Lehrern nur kurze Zeit gelebt hat."[46] Torrell hat ausgerechnet, dass Thomas in dieser Zeit im Durchschnitt etwa 4^1/$_2$ heutige Druckseiten, also nach damaliger Blattgröße und Schreibtechnik etwa 9 Blätter täglich verfasst hat.

Dies war zum einen nur möglich durch die Fähigkeit des Thomas, sich ganz in die behandelte Sache selbst zu versenken. Ein auch von der bildenden Kunst gerne dargestelltes Ereignis aus der Zeit, in der er an der *Summa theologiae* arbeitete, macht dies sehr schön deutlich: Thomas erhielt in jener Zeit eine Einladung des hl. Königs Ludwig von Frankreich; er jedoch ließ sich im Hinblick auf seine anderweitige Beanspruchung entschuldigen, wofür ein König – selbst wenn er später einmal heilig gesprochen wird – natürlich wenig Verständnis hat. „Als das Gebot des Königs und die Aufforderung des Priors bewirkten, dass der Meister sich aus den Höhen geistiger Schau demütig vor dem ausdrücklichen Gebot von König und Prior verneigte und seine Wissenschaft verließ, ging er mit jener Vorstellung, die er, als er noch in der Zelle war, gefasst hatte, zum König. Und während er neben ihm an der Tafel saß, schlug er plötzlich, von der Wahrheit des Glaubens angehaucht, auf den Tisch und sagte: ‚Eben habe ich einen guten Schluss gegen die Irrlehre der Manichäer.' Der Prior rührte ihn an und sprach: ‚Merkt auf, Meister, dass ihr jetzt am Tische des Königs von Frankreich seid.' Und er zog ihn kräftig am Umhang, damit er, der von den Sinnen entrückt war, erwache."[47] Thomas, auch geistig wieder an der Tafel, entschuldigte sich daraufhin beim König. Etwas Ähnliches wird auch berichtet von der Zeit, in der er „die Summe der Abhandlungen über die Dreifaltigkeit diktierte". Während des Diktates war er so sehr in die Sache selbst versenkt, dass er nicht bemerkte, wie die Kerze, die er in der Hand hielt, bis zu den Fingern abbrannte und dort verlosch.[48]

Eine weitere wichtige Voraussetzung für diese ungeheure Produktivität bildet, wie A. Dondaine und Torrell sehr anschaulich aufgezeigt haben, die Tatsache, dass Thomas in jenen Jahren eine ganze Gruppe von Sekretären zur Verfügung stand.[49] Bereits Bartholomäus von Capua berichtet, ähnlich wie Tocco, dass Thomas jeden Tag, nachdem er die hl. Messe gefeiert und seine Vorlesung gehalten hatte, „zu schreiben und mehreren Sekretären zu diktieren begann"[50]. Tocco spricht sogar davon, dass Thomas auf einmal drei und manchmal auch vier Sekretären zu allen möglichen Tag- und Nachtzeiten gleichzeitig diktierte.[51] Selbst die Namen einiger dieser Sekretäre lassen sich noch eruieren[52], viele Manuskripte tragen die Handschrift Reginalds von Piperino, jenes Mannes, der Thomas viele Jahre fürsorglich zur Seite stand und von diesem selbst als sein „teurer Sohn" bezeichnet wurde.

Die Sekretäre hatten aber nicht nur die Aufgabe, Diktate aufzunehmen, sie mussten auch gewünschte Zitate sammeln, Texte grob vorbereiten oder in abgeschlossenen Werken bereits gemachte Ausführungen des Thomas in neue Textzusammenhänge kopieren. Daher kommt es wohl, dass etwa der Text von IIa–IIae q.10 a.12 („Darf man die Kinder von Juden oder anderen Ungläubigen gegen den Willen ihrer Eltern taufen?") eine nahezu wörtliche Wiederholung von Quodlibet II q.4 a.2 darstellt. Lediglich einige kleinere Fehler haben sich beim Kopieren eingeschlichen.

7. Der Abbruch der Arbeit an der Summa theologiae

Wie fast alle großen Summen der Hochscholastik und wie viele andere Werke des Aquinaten auch ist die Summa unvollendet geblieben. Dennoch hat der Abbruch der kurz zuvor noch mit höchster Intensität durchgeführten Arbeit an der Summa etwas Besonderes.

Nach den frühen Biographen des Thomas und den Zeugen im Heiligsprechungsprozess sollen sich bereits während der Abfassungszeit der *Tertia* außergewöhnliche Ereignisse im Konvent zu Neapel zugetragen haben. Am bekanntesten ist der von Tocco wiedergegebene Bericht eines Dominikaners, der im Konvent zu Neapel Küster war und der sich während jener Zeit ereignet haben soll, in der Thomas an der Christologie der *Tertia* arbeitete: Der Bruder hatte bemerkt, dass Thomas sich häufig alleine in der Kapelle des hl. Nikolaus zum Gebet aufhielt. Neugierig schlich er ihm nach und beobachtete Thomas. Dieser betete vor dem Bild des Gekreuzigten. Da hörte der Küster „plötzlich von dem Ort, dem sich der Lehrer im Gebet zugewandt hatte, folgendes Wort von dem Bild des Gekreuzigten: *Thomas, du hast gut von mir geschrieben. Welchen Lohn möchtest du für deine Mühen empfangen?* Er antwortete: *Herr, nichts als dich.*"[53] Und während er an dem Traktat über das Geheimnis der Eucharistie schrieb, kam es ihm zu, am Passionssonntag in der Anwesenheit vieler Adeliger die heilige Messe zu feiern: „Da sah man ihn während des Ablaufs der heiligen Geheimnisse so von der Tiefe des Sakraments verzehrt, dass er gleichsam den göttlichen Geheimnissen beizuwohnen und, wie man glauben darf, von den Leiden des Menschen Christus bewegt war. Das schien die lange Geistesabwesenheit und die überquellende Tränenflut anzuzeigen. Als er länger so verharrte, kamen die bestürzten Brüder herbei und berührten ihn, damit er die heiligen Geheimnisse fortsetze."[54] Thomas von Aquin, der während seines Lebens bereits so viel gesagt und geschrieben hatte, begann sich immer mehr in die Welt der Betrachtung und des Schweigens zurückzuziehen. Gleichsam jener Punkt, der diesen Prozess endgültig besiegelt, ist das Ereignis, das sich am 6. Dezember 1273 zugetragen hat. Bartholomäus von Capua berichtet uns davon in ergreifender Kürze: „Als Bruder Thomas die heilige Messe in der Kapelle des hl. Nikolaus in Neapel feierte, ergriff ihn eine erstaunliche Veränderung. Nach seiner Messe hat er nicht mehr geschrieben, noch irgend etwas diktiert, vielmehr das Schreibgerät bei der Tertia seiner Theologischen Summa, beim Traktat über die Buße (IIIa q.90 a.4), weggelegt. Als Bruder Reginald sah, dass Bruder Thomas zu schreiben aufhörte, sagte er ihm: ‚Vater, was gebt Ihr ein so großes Werk auf, das Ihr zum Lobe Gottes und zur Erleuchtung der Welt begonnen habt?' Ihm antwortete Bruder Thomas: ‚… Ich kann nicht mehr, denn alles, was ich geschrieben habe, scheint mir wie Stroh zu sein im Vergleich mit dem, was ich gesehen habe und was mir offenbart worden ist.'"[55] Thomas wurde, wie Reginald nach dem Tod seines Meisters bemerkte, das „Geheimnis einer höheren Wissenschaft geoffenbart"[56], das es ihm nun unmöglich machte, wieder in die Tiefen menschlicher Wissenschaft hinabzusteigen. Der französische Thomist Réginald Garrigou-Lagrange bemerkt dazu sehr schön: „Der hl. Thomas wurde gegen Ende seines Lebens zu einer übernatürlichen Beschauung der Glaubensgeheimnisse erhoben, welche es ihm unmöglich machte, den Schluss seiner Summa theologiae, das Ende der Abhandlung über die Buße zu diktieren. Es ist ihm unmöglich, Artikel mit einem *status quaestionis* zu verfassen, in der Form von drei Einwänden, ein Lehrgebäude mit Antwort auf die Einwendungen. Die höhere Einheit, zu der er gelangt, zeigt ihm die Grundgesetze auf eine immer einfachere und glänzendere Art, und er kann nicht mehr zur Verwicklung der didaktischen Darstellung herabsteigen."[57] Man könnte also durchaus davon sprechen, dass sich in Tho-

mas die durch die synthetische Reduktion auf das Wichtigste zustande
kommende klare Einfachheit, die er in seinem Prolog anstrebte, nun in
Extremform zu verwirklichen beginnt ...

Das Werk, das ihn vor allem in der Theologiegeschichte unsterblich
gemacht hat, hat er nicht selbst vollendet. Der letzte Teil, der das Werk
des Thomas abschließt, das so genannte *Supplementum*, ist ein wohl von
seinem Lieblingsschüler Reginald, wahrscheinlich unter Mithilfe der frü-
hesten Editoren des thomanischen Werkes, aus anderen Werken des Kir-
chenlehrers, besonders seinem Sentenzenkommentar, zusammengestell-
ter Text.

8. Überblickhafte Einordnung der Summa in Leben und Werk des Aquinaten

1224/1225: Vermutlich im Winter Geburt des Thomas von Aquin auf
der Burg von Roccasecca (Latium). Ein Jahr zuvor wurden
die Sentenzen des Lombarden an der Universität zu Paris als
grundlegendes Lehrbuch eingeführt.

1239: Thomas beginnt ein Studium der freien Künste an der Universität zu Neapel.

1244: Einkleidung in den Dominikanerorden in Neapel.

1245: Thomas wird zum Studium bei Albertus Magnus nach Paris
geschickt.

1248–1252: Fortsetzung des Studiums in Köln. Beförderung zum Assistenten Alberts des Großen und Priesterweihe.

1252–1256: Sentenzenbakkalaureus in Paris: Thomas erstellt die erste
Fassung seines Sentenzenkommentars; außerdem entstehen:
De ente et essentia, De principiis naturae.

1256–1259: Magister der Theologie in Paris. *De veritate; Quodlibet
VII–XI; Super Boetium De Trinitate* u. a.

1259: Rückkehr nach Italien.

1259–1261: Aufenthalt in Neapel (?). Beginn der Arbeit an der *Summa
contra Gentiles.*

1261–1265: Lektor in Orvieto. Fertigstellung der *Summa contra Gentiles;
Super Iob, Catena aurea*, Fronleichnamsoffizium.

1265: Gründung eines *studium personale* und Magister in Rom.

1265–1266: Überarbeitung des Sentenzenkommentars.

1266: Beginn der Arbeit an der *Summa theologiae*. Außerdem: *De
potentia; De anima; Compendium theologiae* und Kommentar zum Buch Job.

1268:   Im Sommer Abschluss der Arbeit an der Prima.

1268–1272:   Zweiter Lehraufenthalt in Paris. Neben Arbeit an der Summe: Kommentare zur Physik und Ethik des Aristoteles sowie dem Matthäus- und Johannesevangelium; *De malo; De unitate intellectus; De aeternitate mundi; Quodlibet I–IV* und *XII* usw.

1269: (oder 1271):   Fortsetzung der Arbeit an der theologischen Summe (Secunda).

1270: (oder 1271):   Fertigstellung der Prima Secundae.

1270: (oder 1271):   Noch in den Sommerferien Beginn der Arbeit an der Secunda Secundae. Am 10. Dezember 1270 Bischöfliche Verurteilung des radikalen Aristotelismus.

1271/72:   Zum Jahreswechsel Abschluss der Secunda und sofortige Arbeit an der Tertia (qq.1–20/25).

1272–1273:   Fungierender Magister in Neapel. Fortsetzung der *Summa theologiae* (Tertia); Kommentare zum Buch der Psalmen (1–54) und zum Römerbrief.

1273:   6. Dezember: „Verstummen" des Heiligen nach der Zelebration der heiligen Messe.

1274:   7. März: Tod in der Zisterzienserabtei Fossanuova auf dem Weg zum Konzil von Lyon. „Fertigstellung" der Tertia durch Schüler des Aquinaten (Supplementum) in den folgenden Jahrzehnten.

Literatur:

P. Glorieux, Pour la chronologie de la Somme, in: MSR 2 (1945) 59–98.

Ignatius T. Eschmann, A Catalogue of St. Thomas works, in: Etienne Gilson, The Christian Philosophy of St. Thomas Aquinas, New York 1956, 380–389.

Leonard E. Boyle, The Setting of the Summa theologiae of Saint Thomas, Toronto 1982.

–, Alia lectura fratris Thome, in: MS 45 (1983) 418–429.

–, The Setting of the Summa Theologiae of St. Thomas – Revisited, in: Pope, Stephen J.: The Ethics of Aquinas (Moral Traditions Series), Washington D.C. 2002, 1–16.

Jean-Pierre Torrell, Magister Thomas, 160–168.

David Berger, Thomas von Aquin begegnen, Augsburg 2002, 56–61.

IV. Das Weiterwirken der Summa theologiae in der Geschichte der Theologie

Zwei Momente sind es, die die Rezeption der *Summa theologiae* nach dem Tod des Aquinaten ganz wesentlich prägen: zum einen der legendäre Korrektorienstreit, in dem es darum ging, die Lehre des Aquinaten gegen den primär aus Paris und Oxford erhobenen Vorwurf heterodoxer Sonderlehren zu verteidigen, zum anderen die ab dem Generalkapitel des Dominikanerordens zu Mailand im Jahre 1278 zum ersten Mal und von da an mit wachsender Intensität (Generalkapitel zu Paris 1286; zu Saragossa 1309, zu Metz 1313) erhobene Verpflichtung der Magistri des Ordens auf die Doktrin des Thomas.[58]

1. Abbreviationes, Concordantiae, Tabulae

Martin Grabmann hat auf der Basis seiner handschriftlichen Forschungen sehr anschaulich herausgearbeitet, wie man damals im Predigerorden der Ordensgesetzgebung praktisch entsprach und die *novitii sacrae doctrinae* in die Lehre ihres großen Ordensbruders einführte.[59] Er erwähnt dabei als besonders beliebte Literaturform, neben den *Concordantiae* und *Tabulae*, die *Abbreviationes*: Abkürzungen bzw. Exzerpte der Summa, die den Studenten auf möglichst übersichtliche, schnelle und bequeme Weise deren wichtigste Gedanken, „gleichsam das Mark, den Ideengehalt der Thomaswerke"[60] darboten. Ein besonders gutes Beispiel dafür sind – neben der bereits 1288 entstandenen *Abbreviatio* der *Secunda Secundae* des Dominikaners Galienus de Ozto – die *Abbreviationes* zur *Prima* und *Prima Secundae* des Johannes Dominici von Montpellier, der Poenitentiar bei Papst Johannes XXII. war. Deren Prolog zeigt bereits, dass der Verfasser ganz bewusst eine Herausarbeitung zentraler Grundlehren und Leitsätze des thomanischen Denkens unter didaktischem Aspekt für weitere Interessenkreise anzielte. Wie das Salz in den Speisen sind es nach Johannes diese Leitsätze, die als unanfechtbare Wahrheiten mit prinzipienhafter Geltung die gesamte Theologie davor bewahren, schal und unschmackhaft zu werden.[61] Es ist kein Geheimnis,

dass solche Vulgarisationen nicht immer zum „Segen eines lebendig pul-
sierenden Geisteslebens gepflegt"[62] wurden und wohl auch nicht der
„Erfolg waren, den sich Thomas für sein Werk gewünscht hätte"[63]. Dies
sollte freilich nicht übersehen lassen, dass sie aufgrund ihrer klugen didaktischen Anlage nicht nur den damaligen schultechnischen Bedürfnis-
sen gerecht wurden, sondern auch einen wesentlichen Beitrag für die
Herausbildung einer eigenen thomistischen Schule und damit der Entwicklung des Aquinaten zum *Doctor communis* leisteten. Wie hilfreich
solche Formen von *Abbreviationes* zur Summa sein können, zeigt sich
daran, dass sie sich bis in die Gegenwart erhalten haben: Für den deutschen Sprachraum seien hier nur die im 20. Jahrhundert sehr verbreiteten, mehrmals aufgelegten Zusammenfassungen der Luzerner Theolo-
gieprofessoren Adolf Portmann (1847–1905) und Raymund Erni (1907–
1980) genannt.[64]

Die Verteidigungsstellung, die bereits die frühen Thomisten einneh-
men, wird das ganze 14. und 15. Jahrhundert über für die thomistische
Schule prägend bleiben. Man bezeichnet deshalb diese Periode als jene
der *Defensiones*. Als führender Theologe dieser Epoche gilt der Ende
des 14. Jahrhunderts im Languedoc geborene Dominikaner Johannes Capreolus, genannt der *princeps thomistarum* (Fürst der Thomisten), mit
seinen *Commentaria in IV libros Sententiarum seu libri IV defensionum
theologiae Thomae Aquinatis*. Interessanterweise legt dieses Kommentar-
werk noch – wie Thomas selbst und viele andere „impliziten Kommentare" zur Summa aus jener Zeit – *pro forma* die Sentenzen des Petrus
Lombardus zugrunde.[65]

2. Der Höhepunkt der klassischen Thomas-Kommentare

Einen wichtigen Schritt zum expliziten Summenkommentar stellt das
Compendium Summae Theologiae S. Thomae (1473) des Kölner Dominikaners und Professors Heinrich von Gorkum dar. Dieses bietet zwar
keinen voll entwickelten Summenkommentar, seine Quaestionen stimmen aber in ihrer Gliederung und Thematik vollkommen mit jener der
theologischen Summe überein. So verwundert es auch nicht, dass einer
seiner Schüler, Johannes Tinctoris († 1496), zum ersten Theologen außerhalb des Dominikanerordens wird, der einen Kommentar zur *Summa
theologiae* schreibt.[66] Vermutlich war es so, dass dieser Brauch von dem
Dominikaner Leonhard Huntpichler († 1478) von Köln nach Wien ex-

portiert wurde. Bereits im letzten Jahrzehnt des 15. Jahrhunderts sind kommentierende Vorlesungen zur Summa aus Freiburg und Rostock verbürgt. In Paris ist es der belgische Dominikaner Peter Crockaert († 1514), der 1507 zum ersten Mal die Summa im Hörsaal kommentiert. Sein spanischer Schüler Francisco de Vitoria wiederum führt zunächst in Valladolid, dann in Salamanca die Kommentierung der Summe ein und legt damit das Fundament für die große Tradition der Summenkommentare der spanischen Scholastik. Bereits in der zweiten Hälfte des 16. Jahrhunderts ist in Salamanca die Kommentierung der Summa als grundlegendem Textbuch des Theologiestudiums so stark verbreitet, dass selbst die schärfsten Gegner der Dominikanerschule, die Augustinereremiten, wie selbstverständlich umfassende Summenkommentare erstellen.[67]

Den eigentlichen Höhepunkt der Epoche der klassischen Thomas-Kommentare bilden die Thomas-Kommentare des Kardinals Thomas de Vio, genannt Cajetan (1534) und des Dominikanergenerals Franz Sylvester von Ferrara (1528), beide bedeutende Vertreter der italienischen Thomistenschule des frühen 16. Jahrhunderts. Die überragende Bedeutung dieser beiden Kommentatoren lässt sich gut an der Tatsache ersehen, dass ihre Summenkommentare (Cajetan zur *Summa theologiae* bzw. Ferrariensis zur *Summa contra Gentiles*) u. a. in der *Editio Leonina* auf ausdrücklichen Wunsch Papst Leos XIII. neben dem Originaltext des Aquinaten abgedruckt wurden. Fast zeitgleich beginnen beide im ersten Jahrzehnt des 16. Jahrhunderts ihre groß angelegten Kommentare, die die Summen des Aquinaten Artikel für Artikel (daher *Articulatim*-Kommentare) erklären, zu veröffentlichen. Das große Werk Kardinal Cajetans ist – wie auch jenes des Franz Sylvester von Ferrara – ein „wirklicher Kommentar, der die Inhaltsfülle und Inhaltstiefe der Teile, Quaestionen und Artikel der theologischen Summe im Zusammenhange mit dem Gesamtsystem aufzeigen will ... Was die Quellen, das positive historische Material, das verarbeitet wird, betrifft, so liegt die Hauptstärke dieser Kommentare in der vollkommensten Vertrautheit mit dem Schrifttum und der Gedankenwelt des Aristoteles und des Thomas von Aquin"[68]. Auf der Grundlage der großen Thomas-Kommentare des 16. Jahrhunderts entwickelt sich die klassische Methode der Thomas-Interpretation, die bis zu den Kommentaren des 20. Jahrhunderts bestimmend bleiben wird und die man im Unterschied zur heute weithin üblichen historisch-genetischen Methode als dialektisch-kommentierendes Verfahren bezeichnet (dazu Kap. VIII).

3. Die Summa auf dem Konzil von Trient und im Gnadenstreit

Durch die genannten Summenkommentare vorbereitet, stützt sich
auch das Konzil von Trient (1545–1563), bei dem die Summa neben der
Heiligen Schrift aufgeschlagen auf dem Altar der Konzilsaula gelegen
haben soll, in wichtigen Fragen auf Partien aus der theologischen Summe. Besonders deutlich wird dies an den Kapiteln VI und VII des Recht-
fertigungsdekrets (*VI. sessio*), wo über die Weise der Vorbereitung auf
die Rechtfertigung (*modus praeparationis*) sowie das Wesen und die Ursachen der Rechtfertigung des Sünders (*quid sit iustificatio impii, et quae
eius causae*) gehandelt wird: Kapitel VI gibt in seiner Substanz einen Artikel aus der *Tertia* (IIIa q.85 a.5) wieder; im darauf folgenden Kapitel
halten sich die Konzilsväter eng an die Ausführungen des hl. Thomas in
Ia–IIae q.112 a.4 und Ia–IIae q.24 a.3. Und dort, wo das große Konzil in
der Verteidigung der Wahrheiten über die Eucharistie auf die Frage nach
der Realpräsenz geantwortet hat, hat es fast wörtlich auf einen Text aus
der *Tertia* (IIIa q.75 a.4) zurückgegriffen.[69] Es war eine besondere Bestä-
tigung dieser Leistung des Thomismus für das Konzil von Trient und dessen Einsatz für die Erhaltung des katholischen Glaubens, als Pius V. den
Aquinaten vier Jahre nach dem Abschluss des Tridentinums, am 15. April
1567, zum Kirchenlehrer erhob.[70]

Dieser Akt Pius' V. hatte aber auch eine Folge, die der große Domini-
kanerpapst kaum beabsichtigt hatte: Nun beriefen sich nahezu alle nachtridentinischen Theologen zur Begründung ihrer spekulativen Thesen
auf Thomas. Dies zeigte sich in besonders deutlicher Form im Gnadenstreit, der *controversia de auxiliis*. Ähnlich wie einstmals bei der Kommentierung der Sentenzen des Lombarden, wurde nun der Thomas-
Kommentar nicht selten zum Ausgangspunkt der Entwicklung eigener
Theorien. Genannt seien hier nur die Jesuiten Franz Suárez († 1617), Ga-
briel Vázquez († 1604) oder Luis de Molina († 1600)[71] – die von ihnen
vertretenen Anschauungen waren von der Lehre ihres Gewährsmannes
völlig verschieden. In Absetzung zu den hier von Theologen der Gesell-
schaft Jesu verfochtenen Thesen, die eine eigene theologische Schule,
den Molinismus in seinen verschiedensten Ausprägungen, begründen,
gewinnt die eigentlich thomistische Schule im engeren Sinne eine deutlich profiliertere Gestalt, als sie sie zu Zeiten des Capreolus und des
Cajetan besaß. Dieses klare Profil ist v. a. großen, aus dem Dominikaner-,
Karmeliter- und Benediktinerorden stammenden und im letzten Drittel
des 16. und das ganze 17. Jahrhundert hindurch wirkenden Theologen zu

verdanken. Unter ihnen ragen hervor: Dominicus Báñez, Didacus Alvarez, Tomas de Lemos, Antonin Réginald, Johannes a S. Thoma, Philippus a SS. Trinitate sowie die Verfasser des *Cursus Salamanticensis* aus dem Orden der Unbeschuhten Karmeliten. Dass an der Spitze der von uns Aufgezählten zuerst der Name Báñez steht, ist kein Zufall. Der spanische Dominikaner gilt als der „Bannerträger"[72] des Thomismus im strengen Sinne. In seinen *Scholastica Commentaria in Summam theologicam Angelici Doctoris D. Thomae* (1548–1594) erweist er sich als der scharfsinnigste der Kommentatoren des Aquinaten, ausgezeichnet durch „rücksichtslose Konsequenz und imponierende Energie"[73]. Bewusst setzt er sich nicht nur von jenen Theologen, die „D. Thomam vel non legunt vel negligunt" (Comm. In IIa–IIae S.th. q.24 a.6), sondern auch von Cajetan und der älteren Thomistenschule dort ab, wo diese sich von Thomas selbst entfernt haben und so dem Skotismus sowie den Neuerungen des Molinismus und Protestantismus nicht genügend entgegengesetzt sind. „Per omnia et in omnibus" (ibid.) will er Thomas folgen.[74]

Mit dem portugiesischen Dominikaner Johannes a S. Thoma († 1644) und seinem theologischen Hauptwerk, dem *Cursus theologicus in summam theologicam D. Thomae* (1637–1645) beginnt eine neue Epoche der Kommentierung der Summa: Der Artikulatim-Kommentar, den Báñez, Bartholomäus de Medina u. a. in dieser Epoche noch mit Hingabe praktizieren, wird bei Johannes durch die Methode der *Disputatio* zu den Themen der theologischen Summe ersetzt. Das heißt: Zunächst wird der jeweilige Artikel resp. die jeweilige *Quaestio* der *Summa theologiae* ganz kurz – auch unter Einbezug anderer Thomas-Schriften – zusammengefasst, um anschließend sehr ausführlich in der Form der *Disputatio* in der Theologie der Zeit umstrittene Fragen zu dem angesprochenen Lehrpunkt zu diskutieren. Ebenfalls der oben beschriebenen Methode der *Disputatio* bedient sich (z. T. auch sehr exzessiv) der vom *Colegio de San Elia von Salamanca* herausgegebene, von den dortigen Unbeschuhten Karmeliten (Antonius a Matre Dei, Dominicus a S. Theresia, Joannes ab Annuntiatione, Antonius a St. Joanne Baptista, Alphonsus ab Angelis und Franciscus a St. Anna) über nahezu ein ganzes Jahrhundert, zwischen 1617 und 1712, verfasste *Cursus theologicus Salmanticensis Summam Theologicam Angelici Doctoris D. Thomae complectens.*[75]

4. Der Summenkommentar
vom Zeitraum der Neuscholastik bis heute

Die Aufklärung und Revolution führen im 18. Jahrhundert zu einem fast restlosen Zusammenbruch der Schultheologie in Westeuropa. Während hier um die Mitte des 18. Jahrhunderts die Lehre des hl. Thomas und seiner Schule fast ganz in Vergessenheit gerät und jahrhundertealte Schultraditionen in der Aufklärung und Revolution untergehen, bleiben eben diese Traditionen in Italien, Spanien, und an der 1654 vom Papst errichteten Universität zu Manila auf den Philippinen sehr lebendig. Zu erwähnen ist in diesem Zusammenhang aber auch unbedingt die Hochschule der Dominikaner in Rom. Bernhard Dörholt bemerkt dazu: „In Rom bestand noch die Stiftung des Kardinals Hieronymus Casante aus dem 17. Jahrhundert bei der Dominikanerkirche S. Maria sopra Minerva, und hier war es, wo, soweit Europa in Frage kam, die thomistische Theologie zuerst wieder an die Öffentlichkeit trat. Hier an dem *Collegium S. Thomae de Urbe* oder dem *Collegium Angelicum* wurde wieder wie vordem die *Summa theologica* in täglich zwei Vorlesungen, an die sich Disputationen anschlossen, erklärt. Dem Wirken dieser vortrefflichen Lehranstalt ist zum großen Teil die thomistische Bewegung, die sich von den vierziger Jahren des 19. Jahrhunderts an in immer steigernder Weise über Italien und weiterhin auch über die anderen katholischen Länder verbreitete, zu verdanken."[76]

So verwundert es auch nicht, dass im Zeitraum der Neuscholastik die Kommentare zur theologischen Summe des Aquinaten eine rege Renaissance erleben: Zu erwähnen sind in diesem Zusammenhang die vollständigen Summenkommentare von Francesco Satolli (*In Summam theologicam ... praelectiones*, 5 Vol., Rom 1884–88), L.-A. Paquet (Quebec 1893–1903), Kardinal Alexis-Henri-Marie Lépicier (*Institutiones theologicae dogmaticae ad textum S. Thomae*, 25 Vol., Rom 1901–28) und Thomas Pègues (*Commentaire français littéral*: Toulouse 1907–28). Einzelne Teile der theologischen Summe kommentieren u.a. Réginald Garrigou-Lagrange[77], Norberto Del Prado[78], I.-M. Vosté[79], Santiago M. Ramírez[80], Pedro Lumbreras[81], Michel M. Labourdette[82], L. B. Gillon[83] sowie die Kommentatoren der noch im Erscheinen befindlichen *Deutschen Thomasausgabe* (Walberberg-Salzburg 1933 ff.): unter ihnen etwa Heinrich M. Christmann, A. M. Siemer, Anselm Stolz, Adolf Hoffmann, Arthur F. Utz und Thomas A. Deman. Gefördert wurde diese Renaissance auch durch die Päpste. Bezüglich der Kommentierung der Summa ist hier neben der Thomas-Enzyklika *Aeterni Patris* Papst Leos XIII. die Anweisung Pius' X. in seinem Motu proprio *Doctoris Angelici*, die *Summa theologiae* solle als authentisches Textbuch allen Vorlesungen der spekulativen Theologie zugrunde gelegt werden.[84]

Im Jahre 1924 konnte Anton Michelitsch bereits insgesamt 662 Kommentare zur Summa zählen. Ihren Höhepunkt erreichten die Summenkommentare zahlenmäßig ganz ohne Zweifel im 17. Jahrhundert.[85] Sieht man von einigen Ausnahmen ab, ist diese Literaturgattung noch weithin unerforscht. Mit dem allgemeinen Einbruch des Thomismus zu Beginn der 60er Jahre des 20. Jahrhunderts brach auch die Tradition der Summenkommentare weitgehend ab. Aber man muss kein naiver Optimist sein, um vorherzusagen, dass der Summenkommentar – freilich in veränderter Form[86] – ebenso wie die gesamte Rezeption der Werke des Aquinaten noch eine große Zukunft vor sich hat.

Die Geschichte der Kommentierung der Summa wurde hier verhältnismäßig ausführlich skizziert, da es zwar selbstverständlich immer günstiger ist, die Lehre des hl. Thomas aus den Schriften des Aquinaten selbst kennen zu lernen, aber dennoch die Ausführungen der großen Vertreter der thomistischen Schule für die Interpretation der Primärtexte einen großen Wert besitzen. Ernst Commer, der sich in dem ersten Drittel des 20. Jahrhunderts um den Thomismus in den deutschsprachigen Ländern sehr verdient gemacht hat, mahnt im Hinblick auf das allzu oft mit Polemik und Argwohn bedachte Zu-Rate-Ziehen der großen Kommentatoren des Aquinaten: „Es wäre sicher eine Vermessenheit sondergleichen, wenn jemand sich zutrauen wollte, aus den Prinzipien des hl. Thomas weit abliegende Schlussfolgerungen in schwierigen Fragen ohne Berücksichtigung der vielen Generationen von Kommentatoren finden zu wollen, und man müsste mit Recht ein solches Verfahren als *temerarium* bezeichnen. Dasselbe gilt auch dann, wenn es sich darum handelt, den Sinn einer Lehre des Aquinaten zu ermitteln, über deren Inhalt gestritten wird."[87] Und Alexander Horvath schreibt im Hinblick auf die Tatsache, dass die Kirche die thomistische Lehre ausdrücklich approbiert hat: „Die Autoren, die mit dem Thomismus übereinstimmen, sind als erste mitapprobierte Quelle heranzuziehen … Sie stellen uns den Kanal dar, durch den die reine Lehre des hl. Thomas auf uns gekommen ist, und zeigen, wie lebenskräftig und entwicklungsfähig die Prinzipien des Aquinaten sind."[88] – Im Grunde wenden Horvath und Commer hier auf die Thomas-Interpretation nur an, was der modernen Hermeneutik in allgemeiner Form als wichtige Einsicht gilt: Verstehen ist nur möglich durch den

Eintritt in eine Interpretationsgemeinschaft, die über den Augenblick des gerade eben Verstehenden hinausgeht.

Literatur:

Alexander M. Horvath, Die Summa theologica des hl. Thomas von Aquin als Textbuch, in: DT 2 (1915) 173–195.

Anton Michelitsch, Kommentatoren zur Summa Theologiae des Thomas von Aquin (1923), ND. Hildesheim – New York 1981.

Thomas F. O'Meara, The School of Thomism at Salamanca, in: Ang 71 (1994) 321–370.

Fernando D. Reboiras, Die Schule von Salamanca, in: Margot Schmidt (Hrsg.), Von der Suche nach Gott (FS Riedlinger), Stuttgart 1998, 463–487.

Romanus Cessario, Le Thomisme et les Thomistes, Paris 1999.

David Berger, Die Schule des hl. Thomas. Vorarbeiten zu einer Geschichte des Thomismus strikter Observanz, Teil I, in: Div 44 (2001) 17–41. Teil II, in: Div 45 (2002) 50–83.

John A. Demetracopolous, Georgios Gennadios II-Scholarios' „Florilegium Thomisticum". His Early Abridgment of Various Chapters and Quaestiones of Thomas Aquinas' Summae and his Anti-Plethonism, in: Recherches de Théologie et Philosophie médiévales 64 (2002) 117–170.

Paul Van Geest u. a. (Hrsg.), Aquinas as Authority, Löwen 2002.

V. Titel und Konstruktion der Summa theologiae

Einen seiner in der Thomas-Forschung sehr bekannten Aufsätze, auf den wir unten noch zu sprechen kommen werden, eröffnet Marie-Dominique Chenu mit folgenden Worten: „Die Größe und Originalität eines philosophischen oder theologischen Werkes werden nicht in erster Linie an der Vielfalt der einzelnen Aussagen gemessen, sondern an der Ordnung seiner Konstruktion und an der Klarheit seiner Prinzipien, die logisch und geistig das Entstehen und die Zuordnung seiner Teile bestimmen."[89] Bei der Betrachtung der Ordnung der Konstruktion der Summa lässt sich eine Systematik der äußeren und eine solche der inneren Anordnung unterscheiden. Wenn auch beide – analog zu Materie und Form – letztlich aufs Engste aufeinander bezogen sind, so wird es doch hilfreich sein, sie zunächst zu unterscheiden, um – ganz im Geiste des hl. Thomas[90] – vom Offensichtlicheren, der äußeren Anordnung, zum Verborgeneren, der inneren architektonischen Struktur, voranzuschreiten. Vorab sind aber noch einige Worte zum Titel des Werkes zu sagen.

1. Summa theologica oder Summa theologiae?[91]

Zwar ist die Titelfrage bezüglich der *Summa theologiae* lange nicht so kompliziert und durch spätere verfehlte Titelgebungen vorbelastet wie bei der *Summa contra gentiles*[92]. Dennoch: Bezüglich des Titels des Hauptwerkes des Aquinaten sind im deutschen Sprachraum noch immer zwei konkurrierende Benennungen üblich: *Summa theologiae* und *Summa theologica*. Obwohl der erstgenannte inzwischen die weiteste Verbreitung genießt, gebraucht die Deutsche Thomasausgabe immerhin nach wie vor den Titel *Summa theologica*.

Leider lässt sich aufgrund des Fehlens entsprechender Manuskripte nicht ausmachen, welchen Titel Thomas selbst diesem Werk gegeben hat. Frühe Handschriften und Inkunabeln nennen das Werk etwa *Summa de theologia, Summa theologiae, Summam super totam theologiam* oder auch *Summa fratris thomae*. In den Codices aus dem 13. Jahrhundert finden wir besonders häufig die Bezeichnung *Summa de theologia*. Sieht man aber auch die frühen Bibliothekskataloge und die diesbezüglichen Äußerungen der wichtigsten Biographen des Thomas durch, so überwiegt insgesamt gesehen der Titel *Summa [totius] theologiae* alle anderen deutlich. Auch Richard Heinzmann stellt bezüglich des 13. Jahrhunderts im Allgemeinen und der Summe des Aquinaten im Besonderen fest: „Aus der ‚summa theologica‘ wird die ‚summa theologiae‘, aus der Summe von theologischen Fragen die Summe der Theologie. Vom Einzelnen richtet sich der Blick auf das umfassende Ganze und damit auf die Sache der Theologie überhaupt, um vom Ganzen das Einzelne als Teil dieses Ganzen erneut in den Blick zu nehmen und zu deuten."[93] Eine gewisse Fraglichkeit erhält der Titel freilich aufgrund der Tatsache, dass Thomas den sich im 13. Jahrhundert in der Wissenschaft allgemein durchsetzenden Begriff *theologia*, der ihm freilich nicht unbekannt ist, verhältnismäßig selten gebraucht. Besonders in der ersten Quaestion der Summa bezeichnet er eben das Gebiet, dem sich sein Werk widmet, vorrangig als *sacra doctrina*.[94] Insofern könnte man zumindest darüber nachdenken, ob wir so mit Angelus Walz davon ausgehen können, dass dieser obzwar auch von der Sache her besonders gut geeignete Titel zugleich als der authentisch-genuine Titel dieses Werkes gelten darf. Dem Sprachgebrauch des Thomas zufolge würde sich wohl eher der (freilich unseres Wissens nie gebrauchte) Titel *Summa sacrae doctrinae* anbieten.

Aber auch die ersten gedruckten Ausgaben des Werkes gebrauchen den Titel *Summa theologiae*. Die nach dem die Ausgabe initiierenden Papst Pius V. benannte *Editio Piana* (1570), die erste gedruckte Gesamtausgabe der Werke des Aquinaten, trägt ebenfalls diesen Titel.

Der Titel *Summa theologica* kommt dagegen erst zu Beginn der Neuzeit, etwa bei Dominicus Báñez auf und wird dann auch von den wichtigen Bibliographen Quétif und Echard sowie von Bernardus de Rubeis, dem Herausgeber der sehr verbreiteten Venezianischen Gesamtausgabe der Werke des Aquinaten (1745–60), gebraucht. Ganz offensichtlich hat hier nationalsprachlicher Geist die Latinität beeinflusst. Gefördert wurde dieser Namenswechsel zudem wohl noch durch den missverständlichen Titel *Summa philosophica* für die *Summa contra gentiles*, der man dann eindrücklich eine *Summa theologica* zur Seite stellen wollte.

Dennoch erhielt sich auch im 18. und 19. Jahrhundert der noch am ehesten als genuin anzusehende Titel, und auch die Editoren der Leonina haben dann zum Ende des 19. Jahrhunderts wohlweislich auf diesen zurückgegriffen.

2. Gliederung

Wie bereits erwähnt, hat Thomas für seine Summe eine möglichst einfache Gliederung gewählt: Zunächst in drei große Teile: *Prima* (Ia), *Secunda* und *Tertia* (IIIa) *Pars*; wobei die *Secunda* nach Weisheipl erst später von den frühen Editoren des Aquinaten noch einmal – aufgrund ihrer Länge – in zwei Teile, die *Prima Secundae* (Ia–IIae) und die *Secunda Secundae* (IIa–IIae) aufgeteilt wurde.[95] Diese Einteilung wurde allerdings von Thomas dadurch vorbereitet, dass er nach der Betrachtung der Tugenden und Laster im Allgemeinen mit einem Prolog die Erörterung der Materie im Einzelnen und Besonderen einleitet. Angeschlossen haben, wie bereits erwähnt, die Editoren an die *Tertia* das *Supplementum* (Suppl.). Von dieser Aufteilung rührt es her, dass die *Summa* mit *Supplementum* im Druck heute zumeist in fünf Oktavbänden veröffentlicht wird. Alle Teile werden durch einen eigenen umfangreicheren Prolog eingeleitet, der – wie wir bereits am Prolog zur gesamten Summa sahen – für das Verständnis der jeweiligen Teile der Summe sowie ihres inneren Zusammenhangs größte Bedeutung besitzt.

Die einzelnen *Partes* gliedern sich sodann in *Quaestiones*. In der gesamten Summa kann man genau 512 solcher *Quaestiones* finden. Jede dieser *Quaestiones* beginnt mit einer Art kleinem „Prolog": einer kurzen, übersichtlichen Inhaltsangabe der folgenden Ausführungen, wobei Ia q.2 hier in gewissem Sinne eine Ausnahme macht, auf die noch zu sprechen zu kommen sein wird. Daneben enthalten sie stets einen Text, der die Quaestion in das größere Konzept der sie umgebenden anderen Quaestionen einordnet. Die *Quaestiones* wiederum unterteilen sich in einem letzten Ordnungsschritt in Artikel. Rechnet man jene des Supplementum ab, besteht die Summe aus 2669 solcher Artikel. Diese sind strukturell alle gleich aufgebaut. In ihnen spiegelt sich noch ganz deutlich der Ablauf der universitären Quaestionen – freilich in stark stilisierter vereinfachter – man kann auch mit Wilhelm Metz sagen: perfektionierter[96] – Form, bei deren Ausprägung die methodischen Anweisungen der aristotelischen *Analytica priora et posteriora*, *Topica* und *Sophistica* einen ganz erheblichen Anteil hatten. Auch dass Aristoteles zu Beginn des dritten Buches seiner Metaphysik das Erörtern der Pro- und Contra-Argumente als wichtigstes Mittel zur Erkenntnis der Wahrheit preist, spielte in diesem Zusammenhang sicher eine große Rolle. So hat Thomas in seinem Kommentar zur Metaphysik sozusagen die Rechtfertigung der in allen Artikeln der Summa angewandten Methode gegeben: Das Fin-

den einer Wahrheit besteht immer in der Lösung eines Problems, der
Antwort auf eine Frage. Diese Lösung entspricht der Entfesselung eines
Knotens, die nur der vollziehen kann, der den Knoten kennt. So muss
auch der Schüler, der gleichsam noch geistig gefesselt ist, zuerst alle
Schwierigkeiten einer Frage sowie deren Gründe genau kennen, um die
Befreiung durch die Wahrheit zu verstehen. Ähnlich ist der Leser eines
solchen Artikels einem Gast in einem Gerichtssaal zu vergleichen. Nur
wenn dieser die Darstellung der Streitfrage sowie die Gründe der strei-
tenden Parteien genau verfolgt hat, wird er das Urteil des Richters verstehen und sich diesem vollbewusst und überzeugt anschließen können:
„Deshalb hat Aristoteles es sich in fast allen seinen Schriften zur Regel
gemacht, der eigentlichen Untersuchung alle auftauchenden Schwierigkeiten voranzuschicken."[97]

Die Titel, mit denen die einzelnen Artikel überschrieben sind, stam-
men nicht von Thomas selbst, sondern wurden später einfach aus dem
Videtur quod non oder dem *Videtur quod* (s. u.) übernommen und in eine
Frage umgewandelt.

Der eigentliche Artikel beginnt bei Thomas mit mehreren *Objectiones*:
das heißt aus mit Aussprüchen von Autoritäten belegten Argumenten,
Einwänden, die zumeist gegen die später vorgebrachte Antwort, die Thomas auf die anfangs aufgeworfene Frage gibt, sprechen oder zu sprechen
scheinen. Nicht selten werden die Einwände aber auch benutzt, um „tra-
ditionelle positive Materialien vorzulegen und zu beurteilen, um eine
Definition nach allen Seiten zu beleuchten (z. B. Ia, q.8, a.1 u. q.29, a.1),
um in den *responsiones* auf diese Einwände Nebenbemerkungen … an-
zubringen, welche die Übersichtlichkeit der Beweisführungen im Hauptteil stören würden. Durchgehend stehen die Einwände im organischen
inneren Zusammenhang mit den Ausführungen des *corpus articuli*."[98]
Gegenüber der *Summa contra gentiles* oder den *Quaestionen* sind die
hier vorgebrachten Argumente zumeist auf drei reduziert. Gelegentlich
erhöht sich deren Zahl aber auch erheblich, meist dann, wenn die zur
Debatte stehende Frage noch immer Gegenstand gegenwärtiger Aus-
einandersetzungen ist. Zum Beispiel dort, wo Thomas – vor dem Hintergrund der Theorie der lateinischen Averroisten an der Universität von
Paris von einem einzigen *intellectus agens* und *possibilis* in allen Menschen und der daraus resultierenden Kontroverse[99] – nach dem intel-
lektiven Prinzip und seiner Vereinigung mit dem Körper fragt (Ia q.76
a.1) und die Zahl der Argumente auf sechs ansteigt. Metz beurteilt die
Funktion dieser Argumente treffend, wenn er urteilt: „Die Eingangs-

argumente führen durch ihre Dichte und Stoßkraft, in der sie unter Umständen einen in sich gestaffelten Gesamt-Einwand bilden, in die anstehende Frage tief ein und machen aufgrund ihrer Stärke eine gründliche Antwort notwendig."[100] Es spricht gerade für die Perfektion der Argumentation des Thomas, dass er bereits hier sozusagen die stärksten Gegner anführt, um mit diesen den intellektuellen Kampf aufzunehmen.

Dann folgt das *Sed contra*: Hier stellt Thomas den vorausgehenden Argumenten in der Regel nur ein Gegenargument gegenüber bzw. sucht bereits die folgende Lösung vorzubereiten und zu untermauern. Dabei ist interessant zu beobachten, dass dieser Teil in der *Summa theologiae* häufig auf die Autoritätsbeweise, die Thomas im *Compendium theologiae* und der *Summa contra gentiles* an das Ende der jeweiligen Kapitel stellt, zurückgreift: „Der Spruch der *auctoritas*, der in der *Summa contra gentiles* und im *Compendium* die Kapitel beschließt, ist damit zur Mitte des Artikels der *Summa Theologiae* geworden."[101] Zumeist finden sich hier Zitate aus der Heiligen Schrift oder den Werken des Kirchenvaters Augustinus (vgl. Kap. VII).

Mit der stereotypen Einleitungsformel *Respondeo dicendum* beginnt dann Thomas seine Antwort auf das aufgeworfene Problem darzulegen, die sich nicht immer automatisch auf die Position, die im *Sed contra* deutlich wurde, schlägt, sondern auch gemäß dem aristotelischen Tugendbegriff, der die *virtus* immer in der Mitte zwischen zwei Irrtümern liegen sieht, zwischen bzw. über den beiden Positionen liegen kann. Es handelt sich hier also um den Hauptteil (*corpus articuli*), die „Entelechie" (Martin Grabmann), das Herz des Artikels.

Wie aber das Herz auf die mit ihm zusammenhängenden Organe angewiesen ist, so im gewissen Sinne auch dieser Hauptteil: Im angeschlossenen Teil des Artikels werden deshalb die Lösungen der eingangs vorgebrachten Argumente, die jeweils mit „Ad primum ergo dicendum ..." (zum zuerst vorgebrachten Gegenargument), „Ad secundum ..." usw. eingeleitet werden, vorgebracht. Nicht selten sind sie für das Verständnis der Position des Thomas von unersetzlichem Wert, denn sie ergänzen den im Hauptteil entwickelten Gedanken oft ganz erheblich.[102] Beide bilden sozusagen (häufig auch noch zusammen mit dem *sed contra*) eine Einheit, für die gilt: Ihr Aufbau ist zwar stets in analoger Ähnlichkeit gehalten, doch wirkt er niemals schablonenhaft, die Lösung der Frage verbindet stets allgemeine Lehraussagen, die als Leitmotive in der Summe immer wiederkehren und auf deren Basis dann die besondere Frage gelöst wird.[103] Die Antwort wird immer mit scharfer Klarheit in einer oder mehreren Thesen oder Konklusionen dargeboten, deren Begründung ebenso einfach, klar und überzeugend ist. Stets bemüht sich Thomas, Letzterer ein nachhaltiges Fundament zu geben, die Prämissen, die zu seiner Folgerung führen, tief schürfend zu begründen und dem Leser deutlich sichtbar zu machen. Dazu lässt er dem thetischen und beweisenden Teil des *corpus articuli* nicht selten auch eine kritisch-historische Erörterung der Frage vorausgehen. Gemäß den Forderungen, die Aristoteles an eine wissenschaftliche Auseinandersetzung stellt, ist Thomas immer bemüht, die schon vorhandenen Lösungsversuche seiner Frage objektiv-fair zu referieren, sie dann in das Gesamt der Frage einzuordnen, gegenseitig abzuwägen und insofern kritisch Stellung zu nehmen, als der gute Wahrheitskern freigelegt, das als irrig Erkannte aber scharf davon getrennt und klar verworfen wird.[104]

Nach diesem Aufbau der Summe richtet sich die Art und Weise, diese zu zitieren: Zunächst gibt man in der Fachliteratur zu Thomas meist ohne Titelangabe (da durch die Form der Zitation unzweideutig klar ist, dass es sich um die *Summa theologiae* handelt), in anderen Untersuchungen nach der Titelangabe (zumeist in Kurzform: S.th., S.Th., Sth, STH, S.theol. oder Sum.theol.) den Teil an: entweder I oder Ia, I–II oder Ia–IIae usw. Dann folgt meist ein Komma, daraufhin die Quaestio (z.B.: q.3), meist ohne Komma angeschlossen der Artikel (z.B.: a.2). Möglich und sehr benutzerfreundlich ist dann noch eine zusätzliche Angabe darüber, in welchem Teil des Artikels sich die Belegstelle genau findet: z.B.: in corp. (wenn sie sich im *corpus articuli* findet), sed contra (in responsione ad secundum) usw. Eine solche Stellenangabe sieht dann etwa folgendermaßen aus: (S.th.,) Ia–IIae(,) q.3(,) a.2 (in corp.). Möglich ist auch die in der deutschen Thomas-Forschung sehr verbreitete kürzere, aber weniger klare Zitierweise derselben Stelle: I–II 3,2.

Abschließend muss bezüglich der kleinsten Struktureinheiten noch erwähnt werden, dass fast alle Eingangsargumente, jedes *corpus articuli* und sehr viele *Sed-contra*-Argumente die Struktur eines Syllogismus tragen: Es ist dem menschlichen Verstand eigen, aus bereits erkannten Wahrheiten durch Folgerung (*ratiocinium*) zur Erkenntnis weiterer Wahrheiten, die in den Ausgangssätzen bereits *virtualiter* enthalten sind, zu gelangen. Seinen stilisierten Niederschlag erlangt diese Gegebenheit der menschlichen Denktätigkeit im Syllogismus: Von mehreren (meist zwei) Vordersätzen (Prämissen: *propositio maior* und *propositio minor*) wird auf einen Nachsatz (Konklusion) geschlossen.[105]

3. Grundeinteilung nach Traktaten

Thomas hat zu Beginn der 2. Quaestio der Prima selbst eine kurze inhaltliche Charakterisierung der Gliederung der Summe gegeben. Um sie richtig zu verstehen, muss aber kurz erwähnt werden, was wir in Kap. IX noch ausführlich kommentieren werden und was Thomas in der ersten Quaestion über das Objekt der Theologie schreibt: „In der heiligen Lehre ist Gott der einigende Leitgedanke, von dem alles beherrscht wird. Und zwar handelt es sich dabei entweder um Gott selbst oder um die Dinge, sofern sie Beziehung haben zu Gott als zu ihrem Ursprung und zu ihrem Ziel."[106]

Entsprechend dem thomistischen Axiom, dass die Akte, Habitus und Potenzen durch ihr Formalobjekt spezifiziert werden, bestimmt aber das Objekt einer Wissenschaft deren Aufbau[107], und damit ergibt sich als die alles bestimmende Intention der Theologie, uns Gott, wie er in sich und sofern er Ursprung und Ziel aller Geschöpfe ist, erkennen zu lassen. Die triadische Makrostruktur der Summa, die Thomas zu Beginn der Gotteslehre in der Prima skizziert, spiegelt diese Intention wider: „Wir handeln also zuerst über das Wesen Gottes; zweitens über die Bewegung der vernunftbegabten Kreatur zu Gott hin und drittens über Christus, der, insofern er Mensch ist, für uns den Weg zu Gott darstellt."[108] Noch genauer geht Thomas zu Beginn der Secunda und Tertia auf diesen Aufbau, besonders auf den Aspekt der Bewegung des Menschen zu Gott und dem Weg dorthin ein. Im Prolog, der die Secunda eröffnet, spricht er im Anschluss an Johannes Damascenus von der Erschaffung des Menschen nach dem Bild Gottes, das sich in dessen Vernünftigkeit und Fähigkeit zur Selbstbestimmung manifestiert. Nachdem in der Prima die Rede war von Gott als Urbild (*exemplar*) und dem, was von Gott in völliger Freiheit ins Dasein gerufen wurde, ist nun vom Menschen als dem Abbild Gottes (*imago*) zu sprechen: und zwar insofern er zu Gott zurückstrebt durch die Verwirklichung dieser Abbildlichkeit in seinem freien Handeln.[109] So wird hier eine organische Verbindung zur vorangestellten Gottes- und Schöpfungslehre in der Prima hergestellt und gleichzeitig die Secunda als Darstellung der Mittel, durch die der Mensch zur Glückseligkeit in Gott als seinem Ziel zurückkehrt, eröffnet. Ähnlich auch der Prolog zur Tertia: Nach der Behandlung unseres letzten Zieles und der Bewegung, die uns dieses erreichen lässt, muss schließlich der Weg, der uns dorthin führt, in den Blick genommen werden: „Weil unser Erlöser Jesus Christus uns ... den Weg der Wahrheit an sich selbst gezeigt hat, durch den wir über die Auferstehung zur ewigen Glückseligkeit gelangen können, ist es zur Vollendung des theologischen Unternehmens erforderlich … vom Erlöser der Welt und den Wohltaten, die er dem Menschengeschlecht erwiesen hat, zu handeln."[110]

Im Hintergrund der von Thomas gewählten Grundstruktur seiner Summa kann man hier mit Johannes a S. Thoma deutlich eine wissenschaftliche Ausrichtung im aristotelischen Sinne erkennen: Ist Wissenschaft doch die sichere Erkenntnis durch die Ursachen.[111] Von daher hat sie sich in ihrem Aufbau an der vierfachen Art der Ursächlichkeit zu orientieren. Gott aber kann, als über allen Kategorien des Seins stehend, niemals konstitutives Element, also auch nicht Material- (*causa materialis*) oder Formalursache (*causa formalis*) der Dinge sein: Dies kommt deutlich in der Betrachtung Gottes, wie er in sich ist (Ia qq.1–42), zum Ausdruck. Er ist aber die äußere Ursache der Dinge, also Wirk- (*causa efficiens*) und Zielursache (*causa finalis*). Gott unter dem Aspekt seines Wirkursache-Seins entspricht deutlich der Behandlung der Schöpfung, Erhaltung und Lenkung der Welt (Ia qq.47–119). Gott als Zweckursache wird offensichtlich in der Behandlung des Strebens des Menschen hin zu Gott (IIa) und in der Behandlung der Tat, mit der Gott dem durch die Sünde gefallenen Menschen die Erreichung dieses Zieles möglich macht (IIIa). Gleichsam in einem „goldenen Kreis" (Johannes a S. Thoma) sieht Thomas in seiner Summe nach der Betrachtung Gottes, wie er in sich ist, alles von diesem ausgehen und zu ihm – möglich gemacht durch den Gottmenschen – heimkehren.[112] Alle einzelnen Quaestionen und Artikel bilden einen organischen Teil dieses umfassenden Ordnungsprinzips.

Um einen ersten Einblick in die äußere Anordnung der *Summa theologiae* zu bekommen, dürfte es wenig hilfreich sein, hier einfach die Fragen aller Quaestionen aufzuzählen.[113] Vielmehr versucht die folgende Schematik die 512 Quaestionen noch einmal in größere Einheiten, in der theologischen Tradition Traktate genannt, zu gliedern und so die Binnenstruktur der drei *partes* ansatzweise deutlich zu machen:

Ia: Über Gott in sich und als Schöpfer
A) Über Wesen und Gegenstand der heiligen Wissenschaft (q.1)
B) Über Gott den Einen (qq.2–26)
  – Das Dasein Gottes (q.2)
  – Das Wesen Gottes (qq.3–13)
  – Die inneren Tätigkeiten Gottes (qq.14–26)
C) Über Gott, den Drei-Einen (qq.27–43)
  – Die innergöttlichen Hervorgänge und Beziehungen (qq.27–28)

- Die drei göttlichen Personen in sich (qq.29–38)
- Die drei göttlichen Personen in ihrem Verhältnis zueinander (qq.39–42)
- Die drei göttlichen Personen in ihrem Verhältnis zu den Geschöpfen (q.43)

D) Über Gott als Schöpfer (qq.44–119)
- Schaffung der Geschöpfe im Allgemeinen (qq.44–49)
- Schaffung der Geschöpfe im Besonderen (qq.50–102)
  - Die Schaffung der rein geistigen Geschöpfe: Engel (qq.50–64)
  - Die Schaffung der rein körperlichen Dinge: Weltall (qq.65–74)
  - Die Schaffung des aus Geistigem und Körperlichem Zusammengesetzten: Anthropologie (qq.75–102)
- Die Erhaltung und Lenkung der Geschöpfe (qq.103–119)

Ia–IIae: Über die Bewegung des Menschen zu Gott hin im Allgemeinen

A) Über das Endziel des menschlichen Lebens (qq.1–5)
B) Über die menschlichen Handlungen in sich betrachtet (qq.6–48)
- Die dem Menschen eigentümlichen Handlungen (qq.6–21)
- Die mit den Tieren gemeinsamen Handlungen des Menschen (qq.22–48)
C) Über die Prinzipien der menschlichen Handlungen (qq.49–114)
- Die inneren Prinzipien der menschlichen Handlung (qq. 49–89)
  - Die habitus/„Gehaben" (qq.49–54)
  - Die Tugenden (qq.55–67)
  - Die Gaben des Heiligen Geistes (qq.68–70)
  - Die Laster und die Sünden (qq.71–89)
- Die äußeren Prinzipien der menschlichen Handlung (qq.90–114)
  - Das Gesetz und die Gesetze (qq.90–108)
  - Die Gnade (qq.109–114)

IIa–IIae: Über die Bewegung des Menschen zu Gott hin im Besonderen

A) Die drei göttlichen oder theologischen Tugenden mit den entsprechenden Lastern und Gaben (qq.1–46)
- Der Glaube (qq.1–16)
- Die Hoffnung (qq.17–22)
- Die Liebe (qq.23–46)
B) Die Kardinaltugenden mit den entsprechenden Lastern und Gaben (qq.47–170)
- Die Klugheit (qq.47–56)
- Die Gerechtigkeit (qq.57–122)
- Die Tapferkeit (qq.123–140)
- Das Maß (qq.141–170)
C) Christliche Standeslehre (qq.171–189)
- Die Charismen als außerordentliche Gnadenerweise (qq.171–178)
- Aktives und beschauliches Leben (qq.179–182)
  Der Stand der Vollkommenheit (qq.183–189)

IIIa und Suppl.: Über Christus als dem Weg zum Ewigen Leben

A) Person und Werk Jesu Christi (qq.1–59)
  - Das Geheimnis der Menschwerdung (qq.1–26)
    - Die Konvenienz der Inkarnation (q.1)
    - Die Hypostatische Union (qq.2–15)
    - Die Vorrechte des Gottmenschen (qq.16–26)
  - Die Geheimnisse des Lebens Jesu (qq.27–59)
    - Die Ankunft Christi in dieser Welt (qq.27–39)
    - Das öffentliche Leben Christi (qq.40–45)
    - Leiden und Tod Jesu (qq.46–52)
    - Die Erhöhung Christi (qq.53–59)

B) Über die Sakramente (qq.60–90; Suppl. q.1–68)
  - Über die Sakramente im Allgemeinen (qq.60–65)
  - Über die sieben Sakramente im Einzelnen (qq.66–90; Suppl. qq.1–68)
    - Die Taufe (qq.66–71)
    - Die Firmung (q.72)
    - Die Eucharistie (qq.73–83)
    - Die Buße (qq.84–90, Suppl. qq.1–28)
    - Die Letzte Ölung (Suppl. qq.29–33)
    - Die Priesterweihe (Suppl. qq. 34–40)
    - Die Ehe (Suppl. qq.41–68)

C) Über das Ewige Leben (Suppl q.69–99)
  - Die Auferstehung des Fleisches (Suppl. qq.69–86)
  - Die Letzten Dinge (Suppl. qq.87–99)

Literatur:

Johannes a S. Thoma, Isagoge ad D. Thomae Theologiam, in: Cursus theologicus in Summam theologicam D. Thomae, Bd. I, Ed. Paris 1883, 188–287.

F. A. Blanche, Le vocabulaire de l'argumentation et la structure de l'article dans les ouvrages de saint Thomas, in: RScPhTh 14 (1925) 167–187.

Réginald Garrigou-Lagrange, De methodo Sancti Thomae speciatim de structura articulorum Summae Theologiae, in: Ang 5 (1928) 499–524.

Z. Alszeghy, Die Einteilung des Textes in mittelalterlichen Summen, in: Greg 27 (1946) 26–62.

Leo Elders, La méthode suivie par saint Thomas d'Aquin dans la composition de la Somme de théologie, in: Nova et vetera 66 (1991) 178–192.

Die Architektonik der Summa theologiae

Aus: Raymund Erni, Die Theologische Summe des Thomas von Aquin in ihrem Grundbau, Bd. 1, Luzern 1949, 23.

VI. Die Fachdiskussion um die Architektonik der Summa theologiae

1. Johannes a S. Thoma und die Architektur der Summe

Wie wir oben schon angedeutet haben, war sich bereits *Johannes a S. Thoma* (1589–1644) dessen bewusst, dass es notwendig ist, hinter all den einzelnen Leitmotiven, die Thomas bei der Abfassung seiner Summa geleitet haben, gleichsam ein Urleitmotiv, die grundlegende Haltung, die charakteristische Denkart, den grundlegenden Gedanken (*mens*) des Thomas aufzuspüren. Dieser wird jedoch am besten an der inneren Architektur, mit der er als „weiser Baumeister" seine Summe in klarer Ordnung gebaut hat, deutlich. Thomas ist gleichsam der Architekt einer Theologie, die hier auf Erden das himmlische Jerusalem in kunstvoller Anordnung (*artificiosa dispositione*) nachbaut. Der engelgleiche Lehrer hat nämlich mit der Architektur seiner Summa die gesamte Theologie – inspiriert durch geradezu übernatürliche Kräfte – in einer so schlüssigen Konzeption angeordnet, dass man schwerlich einen zweiten Entwurf finden wird, der dem Wesen der Theologie, der vorgegebenen Ordnung der Lehre mehr gerecht wird.[114] Es genügt also nicht, so wertvoll dies auch bereits ist, einzelne edle Ecksteine dieses großartigen Gebäudes in Händen zu halten. Vielmehr müssen wir auch die goldenen Verbindungsglieder, die diese Edelsteine zusammenhalten, beachten resp. benötigen wir, um die *mens* des engelgleichen Lehrers zu ergründen, den Bauplan dieses Gebäudes, der leitend war bei seiner Erstellung und der nun die Einzelteile der Summe wie eine Goldschmiedearbeit die Edelsteine zusammenhält. Johannes a S. Thoma will also versuchen[115], den Ordo der ganzen Summe, den vollendeten Zusammenhang der einzelnen Traktate und Themen zunächst im Allgemeinen zu klären, um dann einen Verstehensschlüssel zu haben für die Analysen des Aufbaus und der zentralen Lehren der einzelnen Quaestionen. Dabei findet Johannes seinen Ausgangspunkt in der ersten Quaestion der theologischen Summe, die zusammen mit dem Prolog zur gesamten Summe von den meisten großen Kommentatoren erstaunlicherweise etwas stiefmütterlich behandelt wurde.[116] Hier führt uns Thomas auf den höchsten Punkt seiner „theologischen Nachbildung" des himmlischen Jerusalem, von dem aus die Ordnung seiner Architektur zugleich entspringt und sichtbar wird: Es ist die Bestimmung des Formalobjektes der heiligen Lehre (*scientia sacra*), das Gott selbst, so wie er sich selbst versteht (*secundum rationem Deitatis, secundum ipsam essentiam*), ist: Von jenem höchsten Punkt, dem Gipfel der Theologie aus entwirft Thomas seinen ganzen Plan. Bereits die natürliche Weisheit ist aber zu Gott emporgestiegen und hat erkannt, dass er das absolute Sein, der reine Akt ohne jede Potenz, der *actus purus* ist. Als solcher ist er auch die erste unverursachte Ursache. So teilt sich das Urleitmotiv in zwei Aspekte: Gott in sich und als Ursache aller Dinge. Von Gott, der zunächst in sich betrachtet wird, sieht Thomas alles ausgehen und in einer umfassenden Kreisbewegung, deren Kreisen überhaupt erst durch Christus als den Erlöser möglich gemacht wurde, zurückkehren. In diesen „goldenen Zirkel", den das absolute Sein Gottes und die darin enthaltene universale Ursächlichkeit (*causa efficiens* und *finalis*) begründet, werden in den folgenden Überlegungen alle weiteren, untergeordneten Leitmotive und Themen schlüssig eingeordnet.[117]

2. M.-D. Chenu: Exitus und reditus

Es ging also, als *Marie-Dominique Chenu* im Jahr 1939 die bis zur Stunde anhaltende Diskussion um den „Plan" der *Summa theologiae* mit einem Artikel in der *Revue thomiste* eröffnete[118], keineswegs darum, eine noch nie gestellte und beantwortete Frage bezüglich der Summe zum ersten Mal zu stellen und einen Antwortversuch zu wagen. Auslöser war vielmehr die Unzufriedenheit mit dem diesbezüglichen bis dahin sehr einflussreichen Lösungsversuch des Johannes a S. Thoma, der vor dem Hintergrund der damals einsetzenden Hochkonjunktur der Heilsgeschichte in der Theologie als zu sehr der klassischen Metaphysik verhaftet und daher als völlig unzureichend eingeschätzt wurde.[119] Dagegen war man bemüht, für das Konzept der Heilsgeschichte nun in Thomas einen Traditionszeugen zu finden, und zwar indem man den hinter dem von Thomas eingehaltenen und beschriebenen mehr äußerlichen Plan der Summe einen verborgenen Plan suchte: hinter dem logischen Plan mit seinen Gliederungen die „innere Bewegung, die dieses Uhrwerk bei seiner Erschaffung in Gang setzt"[120], aufzudecken.

Chenu stellte nun die These auf, Thomas habe die Heilsgeschichte und die Strukturen der aristotelisch gedachten Wissenschaftlichkeit dadurch zu verbinden gewusst, dass er zur Konstruktion seiner Summa über das wissenschaftliche Universum des Aristoteles hinausgreifend „auf den neuplatonischen Gedanken der Emanation und der Rückkehr zurückgegriffen"[121] habe. Nach der Reinigung dieses *Exitus-Reditus*-Schemas vom kosmischen Determinismus und der idealistischen Dialektik zugunsten der göttlichen Freiheit habe er so ein Schema zur Verfügung gehabt, „das für Geschichte offen ist, zumal für die Heilsgeschichte, deren erstes Blatt eben die Entstehung der Welt beschreibt, deren gesamter Verlauf die göttliche Lenkung der Geschöpfe enthält und deren Bestimmung sich in den Taten der Menschen als Streben nach der Glückseligkeit in der Rückkehr zu Gott erfüllt. Auf dieser Kurve können – in all ihrer göttlichen und menschlichen Kontingenz – die Taten und Ereignisse der Heilsgeschichte angeordnet werden."[122] Konkret auf die Gliederung der Summa angewendet bedeutet dies dann, dass sich der *exitus* in der Prima, der *reditus* in der Secunda vollzieht. In der Einheit zweier entgegengesetzter Bewegungen sind Prima und Secunda eng miteinander verbunden. Damit hatte Chenu zwar sein Ziel bezüglich des thomistischen Traditionsbeweises für das Konzept der Heilsgeschichte ein Stück weit erreicht, es ergab sich aber das Problem, wie man die Tertia einordnet. Chenus Konzept erweckt, wie er selber zugibt, aber nicht lösen kann, den Anschein, als sei die Theologie bereits ohne die Inkarnation Christi in sich vollständig, als sei folglich die Tertia der Summe für sich betrachtet „ein dem Werk nachträglich angefügtes Teilstück"[123].

3. Die von Chenu ausgelöste Kontroverse

Hieran schloss sich die weitere Diskussion an, wobei wir hier nur einige Stimmen aus der Vielzahl der Diskussionsbeiträge wiedergeben können, um einen ersten Eindruck dieser Diskussion zu vermitteln: Interessanterweise setzte die Kontroverse im Anschluss an Chenus Konzept – wohl bedingt durch die Kriegs- und Nachkriegswirren – wirkungsvoll erst zu Beginn der 50er Jahre ein, nachdem Chenu sein Konzept innerhalb seiner Einführung in das Werk des hl. Thomas[124] erneut veröffentlicht hatte. Der niederländische Dominikaner *Edward Schillebeeckx* nahm mit einer harten Kritik an Chenu die Diskussion sehr früh in seinem Werk über die Sakramentenlehre des Aquinaten auf. Um die Randstellung der *Tertia* zu vermeiden, verabschiedete er sich weitgehend von dem von Chenu eruierten zirkulär bestimmten Plan und glaubte die

Konstruktion der Summa bestimmt allein durch die im Prolog der *Secunda* genannten Bewegung der vernünftigen Kreatur hin zu Gott, die er linear deutete. Prima, Secunda und Tertia bilden dann nur verschiedene Aspekte dieser einen Bewegung. Wobei die Prima und teilweise auch die Secunda sozusagen eine natürliche Substruktur bilden, die dynamisch-pyramidal auf die übernatürliche Wirklichkeit, die in der *Tertia* beschrieben wird und ihren Gipfel in der Christologie findet, zuläuft. So wurde die Dreiheit des Aufbaus der Summa mit der Dreiheit: Natur – Gnade – Christus parallelisiert. Damit war aber zugleich auch klar, dass dieses Schema eine auffallende Ähnlichkeit zu den heilsgeschichtlich strukturierten Summen etwa des Robert von Melun oder Hugo von St. Victor aufwies, indem das erste und zweite Buch dann die vorchristliche, aber auf Christus hinzielende Heilsgeschichte, die Tertia die endgültige Erfüllung dieser Heilsgeschichte in Christus behandeln. In eine ähnliche Richtung gehende Entwürfe legten die Franzosen *Yves Congar*, der die triadische Struktur durch Schöpfung, Bund und Menschwerdung bestimmt sah, und *André Hayen* vor.[125] Sie alle entgehen mit ihrer Schematik, ihren Kritikern zufolge, eben jener Gefahr nicht, die sie eigentlich bekämpfen wollten: einer Stockwerkstheorie, in der Natur und Gnade (die zudem noch in eine seltsame Analogie zu Altem und Neuem Bund gestellt werden) wie zwei Schichten ohne innere Verbindungslinien übereinander liegen und die dem hl. Thomas, trotz seiner bewussten und dezidierten Gegnerschaft gegen jeden Pelagianismus im Spätwerk, letztlich ein Schema unterstellen, das dieser Abweichung von der katholischen Doktrin ganz offensichtlich korreliert.

Während auch *Albert Patfoort* schon 1963 aufgrund der jüngst von *Rupert Mayer* erneut ins Gespräch gebrachten Tatsache, dass sich Elemente des *reditus* und des *exitus* verteilt über alle drei *partes* finden, vorschlug, das von Chenu propagierte Schema ganz aufzugeben[126], versuchen u. a. M.-V. Leroy, Max Seckler, Otto Hermann Pesch und Jean-Pierre Torrell dieses mit einigen Veränderungen fortzuschreiben. Unterstützt sahen sich dabei die deutschsprachigen Forscher von den theologiegeschichtlichen Anmerkungen, die Richard Heinzmann zur Frage machte. Heinzmann bemühte sich zu zeigen, dass der Systementwurf der *Summa theologiae* ursprünglich nicht aus einer aristotelisch-metaphysischen Vorentscheidung herrührt, sondern aus den Prinzipien der Scholastik selbst hervorwächst.[127] *Leroy*[128] mahnt die Unterscheidung zwischen einem „theologischen" (Ia, qq.2–43) und einem „heilsökonomischen" (Rest) Teil der Summa an. Allein für den heilsökonomischen Teil sei das von

Chenu gefundene, aber keineswegs primär neuplatonische, sondern vielmehr zuvor schon einfachhin christliche Schema strukturbildend: in der Prima ab q.44 das des *exitus*, in Secunda und Tertia das des *reditus*. Bei der Erklärung des *reditus* unterstreicht Leroy noch zusätzlich die Rolle der Gottebenbildlichkeit des Menschen. Die Eigenschaft des Menschen als Abbild Gottes ist es, die seine Bewegung hin zu Gott (IIa) bestimmt und die durch die Mittlerschaft Christi in der Vollendung (IIIa) ihre letzte Erfüllung findet. Dabei räumt aber auch Leroy ein, dass auch in der Ia ab q.44 Elemente der Rückkehrbewegung zu Gott (etwa in der Angelologie) zu finden seien. Letztlich entscheidend sei aber, welcher Aspekt in welchem Teil dominiere. *Jean-Pierre Torrell* schließt sich in seiner Einführung in Leben und Werk des Aquinaten dem Schema Leroys weitgehend an, untermauert dieses aber noch zusätzlich, indem er zeigt, wie sehr das zirkuläre Strukturprinzip auch den Aufbau der anderen Werke des Thomas, wie überhaupt dessen ganzes Denken prägt. Dies entspricht auch der Tatsache, dass Thomas der Offenbarung nicht irgendeine fremde Struktur von außen übergestülpt, sondern seinen *ordo disciplinae* nach dem Strukturprinzip, das der Offenbarung selbst innewohnt, konstruiert hat. Weiterhin gelingt es Torrell über Chenu hinausgehend aufzuzeigen, dass „die Inkarnation die Kontinuität des Exitus-reditus-Schemas keineswegs bricht, sondern, dass sie im Gegensatz diese Bewegung zu ihrer Vollendung bringt"[129].

Max Seckler übernimmt die Deutung Chenus, führt sie aber gleichsam ins Extrem, indem er den Strukturplan der Summa nicht nur als „offen" für die Heilsgeschichte, sondern als direkte Widerspiegelung der Heilsgeschichte, die den theologischen Grundentwurf des Thomas selbst in sich trägt, interpretiert. Er weicht aber insofern von Chenu ab, als er eine starke Durchmischung von allgemeinen, abstrakten und notwendigen Grundlagen auf der einen und deren konkreter, geschichtlich-kontingenter Verwirklichung auf der anderen Seite in allen drei Teilen der Summa gegeben sieht: Diese Elemente „lassen sich nicht so scheiden, dass man sie auf die verschiedenen Bücher [sic!] dieses Werkes aufteilen könnte"[130]. Von daher beantwortet Seckler bei genauerem Hinsehen die Ausgangsfrage nach dem Grundprinzip, das die Stoffverteilung in der Summa geleitet hat, letztlich nicht. Hier knüpft *Otto Hermann Pesch* weiterführend an. Er behält die Aufteilung *exitus* für die Prima und *reditus* für die Secunda bei. Aber beide dürfen nicht „als zwei chronologische Phasen der konkreten Heilsgeschichte, sondern als die jeden Augenblick der Geschichte strukturierende Spannung zwischen Ursprung und Ziel"[131] verstanden werden. Alle drei Teile des Summe „reden von der einen, konkreten, in Christus kulminierenden und in diesem Sinn christozentrischen Heilsgeschichte. Das Schema von ‚Ausgang‘ und ‚Rückkehr‘ ist nicht die Formel eines Verlaufs der Geschichte, sondern die Formel der Struktur allen geschichtlichen Geschehens.“[132] Davon ausgehend lässt sich dann auch das Problem der Kluft zwischen Prima und Secunda auf der einen und Tertia auf der anderen Seite angehen: Sie sind zum einen dadurch verbunden, dass bereits in der Prima und der Secunda vom Heil in seiner christlich-kirchlichen Konkretisierung die Rede ist. Die Abtrennung der Tertia hat dann zum einen didaktisch-pädagogische Gründe, zum anderen rückt hier die soteriologische Dimension des Christusereignisses recht eigentlich in den Vordergrund. So formuliert Pesch als „Geschichtsformel“ des Aquinaten: „Von Gott durch die Welt zurück zu Gott durch Jesus Christus – den Gekreuzigten … Thomas zeichnet in den beiden ersten Büchern der Summa theologiae eine Heilsgeschichte, wie sie ohne Sünde, aber mit Christus als ihrer Mitte und ihrem Höhepunkt verlaufen wäre – erst im Dritten Buch kommt mit dem Kreuz die auf die Sünde bezogene Dimension der faktischen Heilsgeschichte in den Blickpunkt.“[133] *Brian Johnstone* dürfte der bislang letzte Thomas-Forscher sein, der dieses Konzept im Zusammenhang mit Überlegungen Torrells weitergedacht hat, indem er neben den übrigen Mysterien des Lebens Jesu, die in der Tertia behandelt werden, die Auferstehung Jesu in den Mittelpunkt des Blickfeldes rückt.[134] Allerdings zeigen neuere Untersuchungen zur Auferstehung in der Scholastik, allen voran jene von Thomas Marschler, dass es bereits unzulässig ist, diese eingeschränkt auf die Tertia zum Zentrum zu erklären: Thomas handelt, wie die anderen Scholastiker auch, „in erster Linie von Inkarnation und Kreuz“, die Auferstehung wird verstanden als „complementum salutis“, das sich allerdings als der Punkt erweist, an dem „Sein und Handeln des Menschgewordenen gemeinsam in eine Vollendungsgestalt überführt werden, an der alle erlösten Menschen Anteil erhalten sollen“.[135] Von daher hat die Auferstehung tatsächlich als Verbindungsglied zwischen Christologie, Soteriologie und Eschatologie eine wichtige Funktion. Ob sie dies auch im Hinblick auf die gesamte Summe hat, scheint jedoch fraglich.

4. W. Metz und die neue Phase der Diskussion

Die jüngste ausführliche deutschsprachige Wortmeldung zur Architektonik der *Summa theologiae* stammt von *Wilhelm Metz*.[136] Metz bringt begründend seine Überzeugung zum Ausdruck, dass keine der bisherigen einflussreichen Deutungen, die im 20. Jahrhundert zum *ordo disciplinae* der *Summa theologiae* gegeben wurden, der Architektonik dieses Werkes wirklich gerecht werden konnte. In gewissem Sinne wandeln sie alle auf den Spuren Chenus, der mit seiner als neuplatonisch bezeichneten Struktur der Summa ein Schema zugeschrieben hat, „das weder für Thomas noch überhaupt für die Scholastik eigentümlich ist" (S. 2). Statt dessen möchte Metz die ganz singuläre „letzte Form" der Architektur der Summa aufdecken, die „Einzigkeit des thomasischen Gedankens ans Licht bringen" (S. 3). Das Besondere am *ordo disciplinae*, seine unverwechselbare Einzigartigkeit besteht nun aber darin, dass Thomas gerade nicht originell, sondern perfekt sein, die „Summa schlechthin", die die Idee vom Wesen der Theologie zur Anwendung bringt, kreieren will und gerade dadurch Einzigartiges schafft (S. 7). Die Theologie ist für Thomas aber ganz auf die Autorität der Offenbarung gegründet, ihre Aufgabe ist es, mit Hilfe der Offenbarung sich rational-wissenschaftlich der Erkenntnis Gottes und der Seligen (Ia q. 1 a. 2) zu nähern. Es ist also nach Metz zunächst angezeigt, das, was Thomas unter Offenbarung versteht, näher zu betrachten. Thomas unterscheidet aber zwischen vier Arten von Offenbarungswahrheiten: 1. Wahrheiten, die wir auch natürlicherweise erkennen könnten, die Gott aber mit Rücksicht auf unsere menschliche Schwachheit offenbart hat (z. B. die *unitas* Gottes und die sich daraus ableitenden weiteren Eigenschaften); 2. Wahrheiten, die die Sphäre unseres natürlichen Wissens erweitern, die wir aber nach ihrer Offenbarung rational vollkommen durchsichtig machen können (z. B. die Lehre von der Gnade); 3. Wahrheiten, die aufgrund ihrer inneren Tiefe die Begrenztheit unseres Verstandes eindeutig übersteigen, deren Prinzip aber noch denkbar ist (z. B. die Dreifaltigkeit); 4. Wahrheiten, die „aufgrund ihrer Kontingenz nur geglaubt werden können" (S. 15).

Die Anordnung dieser Offenbarungswahrheiten gemäß dem thomistischen Axiom, dass die Gnade die Natur nicht aufhebt, sondern vollendet[137], führt dann zum eigentümlichen Bau der Summe: Dieser bringt die übernatürlichen Offenbarungswahrheiten (2 und 3) als Vollendung der natürlichen Offenbarungswahrheiten (1) zur Darstellung und weist den kontingenten Wahrheiten (4) ihren Platz an der Peripherie und als

„Ausschmückung der Hauptlehre" (S. 15) zu. Dabei prägt dieses eigentümliche Zusammen der verschiedenen Offenbarungswahrheiten zunächst die Binnenstruktur aller drei Teile der Summe. Alle drei bilden jeweils in gewissem Sinne geschlossene Ganzheiten, „abgerundete Totalitäten" (20), die sich durch jeweils einen bestimmten Leitgesichtspunkt, der wiederum die Anordnung der Offenbarungswahrheiten im Binnenraum der Einzelteile strukturiert[138], auszeichnen. In der Prima ist dies der Verbindungsbogen von *exemplar* (Gott) und *imago* (Schöpfung: Mensch), die Secunda „bedenkt im Ganzen, wie der Mensch die Bild-Beziehung auf sein göttliches *exemplar* auch selber realisieren kann und soll" (S. 20), während in der Tertia schließlich die Identität von *exemplar* und *imago* im Gott-Menschen Jesus Christus im Mittelpunkt steht (S. 339). So entsteht über die verschiedene Kombination von *exemplar* und *imago* bzw. der unterschiedlichen Behandlung der Gemeinschaft von Gott und Mensch der Bau der *Summa theologiae* als „Ganzes von Ganzheiten", gleichsam eine „Summe von drei Summen" (S. 20).

Mit der Studie von Metz dürfte nicht nur der gelegentlich noch erhobene Vorwurf, die große Leistung der Synthese in der Summa sei „erkauft durch die nur oberflächliche Verknüpfung widerstrebender Elemente"[139], endgültig vom Tisch sein. Vor allem tritt die Diskussion um den Aufbauplan der *Summa theologiae* in eine neue Phase ein, die, wie damals Chenus Studie die beginnende Konjunktur einer heilsgeschichtlichen Konzeption der Theologie spiegelte, den Abschied von deren Hochkonjunktur in der gesamten Theologie[140] nun auch in der Thomas-Forschung mitvollzieht. Auch wenn dies verständlicherweise von manchen nicht gerne gesehen wird[141]: Die Studie kann nicht nur zu einem Ausgangspunkt für eine neue spannende und in jedem Falle lehrreiche Diskussion um die *Summa* werden, sondern auch einen Weg eröffnen, der die klassischen Deutungen dieses Werkes wieder stärker ins Blickfeld nimmt und fruchtbar macht.

Literatur:

Marie-Dominique Chenu, Der Plan der Summa (1939), in: Klaus Bernath (Hrsg.), Thomas von Aquin, Bd. I, Darmstadt 1978, 173–195.

Max Seckler, Das Heil in der Geschichte. Geschichtstheologisches Denken bei Thomas von Aquin, München 1964.

Otto Hermann Pesch, Um den Plan der Summa Theologiae des hl. Thomas von Aquin, in: Klaus Bernath (Hrsg.), Thomas von Aquin, Bd. I, Darmstadt 1978, 411–437.

Leo Elders, La méthode suivie par saint Thomas d'Aquin dans la composition de la Somme de théologie, in: Nova et vetera 66 (1991) 178–192.

Chang-Suk Shin, „Imago Dei" und „natura hominis", Würzburg 1993, 20–30.

Inos Biffi, Il piano della Summa Teologia e la teologia, come scienza e come storia, in: Id., Teologia, storia e contemplazione, Mailand 1995, 223–312.

Wilhelm Metz, Die Architektonik der Summa Theologiae des Thomas von Aquin. Zur Gesamtsicht des thomasischen Gedankens, Hamburg 1998.

Mischa von Perger, Theologie und Werkstruktur bei Thomas von Aquin. Wilhelm Metz' Studie zur Summa theologiae, in: FZPhTh 48 (2001) 191–207.

Brian Johnstone, The Debate on the Structure of the Summa Theologiae of St. Thomas Aquinas: from Chenu (1939) to Metz (1998), in: Paul Van Geest u. a. (Hrsg.), Aquinas as Authority, Löwen 2002, 187–200.

VII. Die Quellen der Summa theologiae

Was Torrell[142] zunächst ganz allgemein von den Scholastikern schreibt, nämlich dass sie ihr Handwerk nicht in der Isolation betreiben oder gar Originalität um jeden Preis suchen, sondern sich vielmehr zu einem Echo der Tradition machen wollen, gilt ebenso für den Aquinaten und seine Summa. Wahrer Fortschritt ist für Thomas generell nur möglich, wenn er sich ganz der Tradition verpflichtet weiß, wenn er sich auf das stützt, was die Autoritäten der Wissenschaft (*auctoritates*) in der Vorzeit als unvergänglichen Schatz für die Nachgeborenen erarbeitet haben.[143] Während der Neuzeit ihre „Galerie der edlen Geister" nur noch dazu dient, sich von ihr dialektisch abzuheben, ordnet sich der engelgleiche Lehrer „dem Chor der *auctoritates* ein, und er ordnet sich ihm auch unter"[144]. Während in der Philosophie gilt, dass der Autoritätsbeweis der schwächste aller Beweise ist, verhält es sich in der Theologie gerade umgekehrt. In der ersten Quaestion der *Prima* lesen wir bezüglich der Theologie: „Der Autoritätsbeweis, der sich auf die göttliche Offenbarung stützt, ist von allen der durchschlagenste."[145] Daneben freilich kommt es dem Theologen zu, zur Erklärung der Offenbarung weitere Autoritäten niederen Ranges heranzuziehen.

Dass Thomas dieses Schöpfen aus den Autoritäten nicht in servil-geistloser Art und Weise getan hat, dürfte schon bei der Beschäftigung mit dem Aufbau der Summe klar geworden sein. Wie bereits erwähnt, ist die literarische Form der Summe auch geboren aus dem Bedürfnis, dem stark angewachsenen Wissensstoff einer Disziplin, d. h. auch von Zeugnissen dieser Autoritäten, eine rational durchsichtige Ordnung zu geben, in der die herbeigezogenen Einzelelemente in einen neuen Kontext gestellt werden und so zum Teil auch ihr Sinn ganz erheblich verändert wird. Im Hinblick auf die Umsetzung dieses Vorhabens bei Thomas und im Anschluss an einen Ausspruch Cajetans in seinem Summenkommentar[146] bemerkt Papst Leo XIII. in seiner Thomas-Enzyklika *Aeterni Patris*, dass Thomas, „weil er die alten heiligen Lehrer aufs Höchste verehrte, gewissermaßen den Geist aller besaß. Deren Lehren sammelte und fasste Thomas, wie die zerstreuten Glieder eines Körpers, in eine Einheit zusammen, teilte sie nach einer wunderbaren Ordnung ein und vervoll-

kommnete sie vielfach derart, dass er nach Recht und Verdienst als ein
einzigartiger Schutzwall und Schmuck der katholischen Kirche gilt."

Im Folgenden soll auf die wichtigsten der Quellen, die Thomas in seiner *Summa* zu einem neuen „Gewässer" zusammengeleitet hat, kurz ein-
gegangen werden.

Literatur:
M.-D. Philippe, Reverentissime exponens frater Thomas, in: FZPhTh 12 (1965)
240–258.
Wilhelm Metz, Architektonik der Summa Theologiae, 37–108.
Jean-Pierre Torrell, La „Somme de théologie", 102–119.
Leo Elders, Der Dialog beim hl. Thomas von Aquin, in: DocAng 2 (2002) 34–56.
Timothy L. Smith (Hrsg.), Aquinas's Sources. The Notre Dame Symposium,
South Bend – Chicago 2003.

1. Die Heilige Schrift

Zu Recht hat Wilhelm Metz die zentrale Rolle, die die Offenbarungswahrheiten in der *Summa theologiae* spielen, betont. Doch woher be-
kommt der Theologe diese Offenbarungswahrheiten? Thomas hätte
wohl keinen Augenblick gezögert, hier mit dem Verweis auf die Bibel zu
antworten. Die Heilige Schrift, deren eigentlicher Autor der Heilige
Geist ist und die deshalb wirklich „Wort Gottes" sein kann, der sich
der menschlichen Verfasser als Instrumentalursache bedient,[147] ist nämlich nichts weniger als „schmückendes Beiwerk", sondern vielmehr die
Grundlage seiner Theologie schlechthin. Wie alle anderen großen Magister der Theologie im Mittelalter auch, kannte Thomas einen großen
Teil der Bibel auswendig. Dies zeigt sich zum einen daran, dass sein
Wortschatz ganz unübersehbar von der biblischen Terminologie geprägt
ist, aber auch an der quantitativen Verwendung biblischer Zitate: Torrell
stellt im Anschluss an Martin Huber fest, dass von den 38000 Zitaten, die
sich in der Summe der Theologie und jener gegen die Heiden nachweisen lassen, etwas mehr als 25000 alleine aus der Heiligen Schrift stammen.[148] Dabei zeigt sich in der *Summa theologiae* bei den Bezugnahmen
auf das Alte Testament eine Vorliebe für die Genesis, das Buch Exodus
und die Psalmen, beim Neuen Testament für das Johannesevangelium
und die Paulusbriefe. Das Buch der Psalmen und die beiden Schriften
des Neuen Testaments hat Thomas interessanterweise genau während
jener Zeit kommentiert, in der er auch an der Summa arbeitete.

Die häufige Bezugnahme auf die Heilige Schrift hat ihren tiefsten Grund natürlich in der zentralen Stellung, die Thomas der Bibel generell einräumt: Das, was Thomas in der *Summa* bieten will, bezeichnet er als *theologia* oder *sacra doctrina* (heilige Lehre); diese Begriffe werden aber nahezu synonym gebraucht mit denen der *sacra sriptura* (heilige Schrift) und der *revelatio* (Offenbarung). Zwischen beiden, Heiliger Schrift und theologischer Wissenschaft, sieht Thomas also tatsächlich eine Identität.[149] Von daher kann die Theologie niemals zu echten Ergebnissen gelangen, wenn sie ihr ganzes Arbeiten nicht von der Heiligen Schrift als Fundament ausgehen lässt. So bemerkt Thomas in seinem Traktat über die Trinität: „Wir dürfen von Gott nicht etwas aussagen, was sich in der Heiligen Schrift weder dem Wortlaut noch dem Sinne nach finden lässt."[150] An manchen Stellen spricht Thomas sogar von der Schrift als einziger Glaubensregel.[151] Auch wenn dies an das spätere *sola scriptura* der Reformatoren erinnert, darf man Thomas doch nicht in anachronistischer Weise zu deren Vorläufer machen.[152] Zwar spielt die mündliche Überlieferung in der Summa des Thomas, im Unterschied zu deren Einschätzung in der nachtridentinischen Theologie, nur eine untergeordnete Rolle.[153] Aber Thomas betont immer wieder, dass man zwei Vermittlungsformen, durch die der Glaube zu uns kommt, anerkennen muss: das, was durch die Evangelien, und das, was durch die Tradition der Universalkirche zu uns gelangt ist.[154] Für ihn ist weiter klar, dass die Bibel ein Buch der Kirche ist und nur in ihrem Schoß, „durch das Prisma der Tradition", sinnvoll gelesen und interpretiert werden kann.[155] Der Papst besitzt daher die Gewalt der authentischen und verbindlichen Darlegung und Interpretation der Heiligen Schrift; die ihm freilich nicht erlaubt, der Schrift etwas hinzuzufügen, wegzunehmen oder eine andere Wahrheit, die die Schrift nicht enthält, vorzulegen.[156] Insofern ist Theologie auch nur dann wirklich Theologie, wenn sie *in medio Ecclesiae* betrieben wird. Dabei liest Thomas die Bibel, Altes und Neues Testament, als Einheit, in der alle Bücher auf Christus und sein Erlösungswerk hindeuten.[157]

An drei Stellen in der Summa taucht das Schöpfen aus der Schrift in besonders geballter Form auf: in der Schöpfungslehre (Ia qq.65–74), wo Thomas seine gesamten Überlegungen auf die Genesis stützt, im Traktat über das Alte Gesetz (Ia–IIae qq.98–105) und in jenem über die Mysterien des Lebens Jesu (IIIa qq.27–59), der eine kurze, aber großartige Interpretation der Evangelien darstellt. Hier zeigt sich auch in besonders klarer Form, was sich bereits in den Schriftkommentaren des Thomas beobachten lässt: Der Umgang des hl. Thomas mit der Schrift ist bestimmt von einem stark systematischen Zugriff, der das biblische Material über das rationale Ordnen mit wissenschaftlichen Kategorien zur Wissenschaft der *sacra doctrina* auswachsen lässt. So wird etwa der Text der Genesis, der das Sechstagewerk (Gen 1,1–2,4) darstellt, ganz auf der Basis der Kategorien: Scheidung der geschaffenen Dinge (*distinctio*) und Ausschmückung der Schöpfung (*ornatus*) interpretiert.[158]

Literatur:
J. van der Ploeg, The place of the Holy Scripture in the theology of St. Thomas, in: Thomist 10 (1947) 398–422.
M. M. Rossi, Teoria e metodo esegetici in S. Tommaso d'Aquino, Rom 1992.
Marc Aillet, Lire la Bible avec saint Thomas. Le passage de la littera à la res dans la Somme Théologique, Freiburg/Schweiz 1993.
Maximino Arias Reyero, Thomas von Aquin als Exeget, Einsiedeln 1971.
Florent Gaboriau, Au seuil de la Somme. Un quiproquo chez Thomas d'Aquin?, Paris 1999.
Wilhelmus Valkenberg, Words of the Living God. Place and Function of Holy Scripture in the Theology of St. Thomas Aquinas, Utrecht – Löwen 2000.
Christopher Baglow, „Modus et forma". A new approach to the Exegesis of Saint Thomas Aquinas, Rom 2002.

2. Die Väter

Dass Thomas kaum für das protestantische *sola scriptura* in Anspruch genommen werden kann, zeigt sich auch bei der Rolle, die er den Kirchenvätern, bei ihm *sancti* genannt, in der Theologie zuerkennt. In seinem Kommentar zur Schrift *De divinis nominibus* des Dionysius Areopagita lesen wir: „Man muss sich nicht nur an das halten, was uns durch die Heilige Schrift überliefert ist, sondern auch an die Erklärungen der Kirchenväter, die uns unversehrt erhalten sind."[159] Dabei haben die Väter ihre Autorität nicht aus sich, sondern ebenfalls durch die Kirche: „Maßgebendes Ansehen hat der Brauch der Kirche. Ihm ist immer und in allem nachzueifern. Empfängt doch selbst die Lehre der katholischen Lehrer von der Kirche Autorität, weshalb man sich mehr an die Autorität der Kirche als an die Autorität eines Augustinus oder eines Hieronymus oder jeglichen sonstigen Lehrers zu halten hat."[160]
Den Großteil seiner patristischen Zitate holt Thomas, wie seine Zeitgenossen auch, aus speziell für das theologische Studium erstellten Zitatensammlungen, Dekretalen und Glossen zur Heiligen Schrift. Doch hat er nachweislich mit großem Eifer selbst auch zusammenhängende Quel-

lenstudien betrieben, v. a. in Paris und am Päpstlichen Hof zu Orvieto. Bei der Rezeption der Vätertexte zeigt Thomas durchaus ein kritisches Vorgehen: Wo es geht, prüft Thomas die Echtheit der jeweiligen Zitate. Die möglichst zuverlässige Erschließung des Quellenmaterials ist ihm ein großes Anliegen. Dies wird besonders bei der Arbeit des Thomas an der Tertia deutlich. So stuft er etwa die Schrift *De infantia Salvatoris* richtig als aus den Apokryphen stammend ein und kann ihr daher die theologische Beweiskraft absprechen (IIIa q.36 a.4 ad 3) oder erkennt richtig, dass das Werk *De mirabilibus Sacrae Scripturae* keine echte Schrift des hl. Augustinus darstellt, sondern ihm fälschlich zugeschrieben wird (IIIa q.45 a.3 ad 2).[161] Thomas weiß um die Entwicklung der Dogmen, wenn er auch an dieser nur unter systematischem Aspekt interessiert ist und eine Lehrentwicklung im Sinne einer substanziellen Vermehrung der Glaubenslehre völlig ausschließt. Vielmehr handelt es sich bei diesem Fortschritt um eine Vervollkommnung der Glaubenserkenntnis bzw. eine Entwicklung des impliziten zum expliziten Glauben.[162] Ebenfalls betont er, dass sich die Väter in Dingen, die den Glauben nicht betreffen, auch irren konnten.[163] Stets achtet er bei seiner Berufung auf Väterzitate auf den *modus loquendi*, den Stil, die Begrifflichkeit, die Grammatik und die Verwendung von Bildern bei den einzelnen Autoritäten.[164] Dadurch eröffnet sich ihm zugleich eine Möglichkeit, widersprüchlich scheinende Aussagen der Autoritäten durch eine „achtungsvolle Auslegung" (*exponere referenter*) interpretierend zu harmonisieren.[165] Ist der Sinn einer Väteraussage nicht klar, muss der systematische Textzusammenhang, aus dem das Zitat stammt, genau studiert werden.[166]

Die große Mehrheit der Väterzitate in der *Summa theologiae* stammt von den lateinischen Vätern, was natürlich auch damit zusammenhängen kann, dass Thomas die griechische Sprache gar nicht oder nur ansatzweise beherrschte.[167] Dabei fallen besonders Ambrosius von Mailand, Hilarius von Poitiers und Gregor der Große auf.[168] Sie alle werden aber in den Schatten gestellt durch Augustinus, der in der Summe durch Thomas mehr als 2000-mal zitiert wird: „Während die Autorität der Väter im Allgemeinen anerkannt ist und vielen Vätern eine besondere Kompetenz in bestimmten Bereichen der Theologie zugeschrieben wird, ist der hl. Augustinus der Vater, der für Thomas die größte Autorität genießt und von ihm daher auch am häufigsten zitiert wird, zum Beispiel viermal öfter als der hl. Gregor der Große ... Man kann sogar sagen, dass der hl. Thomas seine theologischen Werke in einem kontinuierlichen Dialog mit Augustinus verfasst hat."[169] An der Art, wie geschickt Thomas in der

Summe Augustinus zitiert, zeigt sich, dass er eine außergewöhnliche Vertrautheit mit dem Riesenwerk des Kirchenvaters besessen, ja viele Stellen sogar auswendig gekannt haben muss.[170] Der Einfluss Augustins auf Thomas zeigt sich aber nicht nur an einzelnen Zitaten, sondern überhaupt an der Tatsache, dass wichtige Ergebnisse der Theologie Augustins über weite Strecken in die Theologie des Thomas Eingang gefunden haben: Besonders deutlich in der Trinitätsspekulation, in der für Thomas so zentralen Lehre von der Gottebenbildlichkeit des Menschen, in der Gnadenlehre, bei der Interpretation der eingegossenen Tugenden und der Abhandlung über das Motiv der Inkarnation. Von daher sind die lange Zeit so stark betonten Differenzen zwischen den hochmittelalterlichen Aristotelikern und Augustinisten auch ein Stück weit zu relativieren. Otto H. Pesch hat auf die interessante Tatsache aufmerksam gemacht, dass Thomas, je vertrauter er in seinem Spätwerk (wozu die Summa natürlich gehört) mit Aristoteles ist, „desto stärker an Augustin anknüpft, besonders und entscheidend in der Lehre von Gnade, Tugend, Sünde und in der Sakramentenlehre"[171].

An der Augustinus-Rezeption in der *Summa* lässt sich gut ersehen, wie Thomas mit den *auctoritates* umgeht.[172] So etwa in der Trinitätslehre: Augustinus verdeutlicht die Trinität von der *imago trinitatis* im Menschen (*memoria, intelligentia, voluntas*) her, Thomas übernimmt zwar wesentliche Aspekte der Trinitätsspekulation Augustins, sein Trinitätstraktat denkt aber von den zwei *operationes* (*intelligere* und *velle*), dem göttlichen Willens- und Wissensakt, die im Traktat über den einen Gott entwickelt wurden, her, um dann erst auf die Einwohnung der Dreifaltigkeit im Menschen, der *imago trinitatis* in ihrem zweifachen Aspekt (natürlich und übernatürlich) zu sprechen zu kommen. Auch in der Tugendlehre werden gegenüber dem Primat, den Augustinus der Demut einräumt, die Tugenden, die uns direkt auf Gott um seiner selbst willen hinordnen (göttliche Tugenden: Glaube, Hoffnung und Liebe), ganz an die Spitze gestellt. Hier zeigt sich, dass Thomas zwar grundlegende Leitmotive augustinischen Denkens übernimmt, diese aber so neu ordnet, dass ein sehr eigenständiges Werk entsteht. Bei den genannten Beispielen, die in diesem Punkt durchaus exemplarisch sind, zeigt sich, dass das Schema des Thomas ein ganz stark theozentrisch ausgerichtetes ist, in das er die Zitate so einordnet, dass sie selbst zu einem organischen Teil dieses neuen Schemas werden, fast als hätten sie vorher nirgendwo anders gestanden.

Die zentrale Rolle, die Augustinus in der Summe einnimmt – Metz

spricht sogar davon, dass man im Werk des Augustinus „geradezu eine
implizite *Summa Theologiae* erblicken"[173] könnte –, sollte aber nicht
übersehen lassen, dass gerade auch in der *Summa theologiae* der Einfluss
der Väter des Ostens eine nicht unbedeutende Rolle spielt. So ist etwa
die Lehre vom freien Willen ohne den Einfluss des Johannes Damasze-
nus in der Gestalt, die sie in der Summe findet, nicht denkbar. Und auch
die für die Tertia so grundlegende Vorstellung von der Instrumental-
ursächlichkeit der menschlichen Natur Jesu ist ein Erbstück, das Thomas
von den alexandrinischen Vätern übernehmen durfte. Origenes dagegen
spielt in der Summe fast ausschließlich als Negativautorität eine wichtige
Rolle. Was allerdings für die Summe Augustinus unter den lateinischen,
das ist der geheimnisvolle Dionysius Areopagita unter den orienta-
lischen Vätern: Dionysius besaß im Mittelalter fast kanonische Autorität,
weil er für einen direkten Schüler des Apostels Paulus gehaltenen wurde.
Während Thomas Dionysius überdies in seinem Sentenzenkommentar
noch für einen Aristoteliker hielt (Sent. II, 14,1,2), erkannte er diese Einschätzung im Proömium seines Kommentars zu dem Werk „Über die
göttlichen Eigenschaften" (*De divinis nominibus*) als verfehlt an und
ordnete ihn richtig dem platonischen Denken zu. Im gesamten Werk des
Thomas hat man mehr als 1700 direkte Dionysius-Zitate gezählt. Und
auch in der Summe finden sich verhältnismäßig viele Bezugnahmen auf
dessen Werk: Allein in der Prima findet man mehr als 200 Dionysius-
Zitate. Dies zeigt, wie stark Thomas neben aristotelischem Gedankengut
auch platonische und neuplatonische Grundvorstellungen (das Partizipa-
tionsdenken und das Prinzip des Exemplarismus) positiv, beide grundlegend im Sinne seiner eigenen Denkform verändernd, in seine eigene
Synthese verschmolzen hat.[174]

Überschaut man den Einfluss der Väter auf die Summe der Theologie,
so erweist sich Thomas gerade hier als der gleichermaßen treue wie im
positiven Sinne auch kritische Erbe der ungeteilten Christenheit.[175]

Literatur:
Gustave Bardy, Sur les sources patristiques grecques de Saint Thomas dans la
    Ière partie de la Somme Théologique, in: RScPhTh 12 (1923) 493–502.
C. Dozois, Sources patristiques chez saint Thomas d'Aquin, in: Revue de l'Uni-
    versité d'Ottawa 33 (1963) 28–48. 145–167. 34 (1964) 231–241. 35 (1965) 75–90.
C. G. Geenen, Le fonti patristiche come „autorità" nella teologia di San Tomma-
    so, in: Sacra Doctrina 20 (1975) 7–17.
Walter H. Principe, Thomas Aquinas' Principles for Interpretation of Patristic
    Texts, in: StMC 87 (1976) 11–121.

Leo Elders, Les citations de saint Augustin dans la Somme théologique de Saint Thomas d'Aquin, in: Doctor communis 42 (1987) 115–165.

C. G. Conticello, San Tommaso ed i Patri, in: AHDL 65 (1990) 31–92.

Leo Elders, Thomas Aquinas and the Fathers of the Church, in: Irena Backus (Hrsg.), The Reception of the Church Fathers in the West, Leiden u.a. 1997, 337–366.

Emil Dopler, Falsche Väterzitate bei Thomas von Aquin. Gregorius, Bischof von Nyssa oder Nemesius, Bischof von Emesa?, Freiburg/Schweiz 2001.

Pierre-Marie Gy, Saint Thomas d'Aquin à la recherche de livres, in: RScPhTh 86 (2002) 437–441.

3. Die scholastischen Magistri

Während die *auctoritas* der Heiligen Schrift und der Väter eine klar feststehende war, bedeuten die Lehrmeinungen der scholastischen Kollegen und Vorgänger (*dicta magistrorum*) lediglich Auffassungen, mit denen man sich zu einer weiteren Klärung des Problems auseinander setzt und die man auch ohne interpretative Verrenkungen klar ablehnen kann. So spricht Thomas in IIa–IIae q.5 a.1 von den *dicta* des Scholastikers Hugo von St. Victor als *magistralia*, die „nicht die Kraft einer Autorität besitzen"[176]. Auch Thomas hat in seiner Summa sehr häufig auf die alten Magistri (*antiqui magistri*) aus der Zeit der Frühscholastik wie auf Zeitgenossen (*novi magistri*) zurückgegriffen. Für die Zeit der Frühscholastik (etwa von Anselm von Canterbury bis zum Anfang des 13. Jahrhunderts) ist dieser Rückgriff sehr gut rekonstruierbar: So kann man etwa deutlich den Einfluss, den Anselm von Canterburys Überlegungen zum Motiv der Inkarnation und der Möglichkeit, dass zwei göttliche Personen ein und dieselbe Natur annehmen, auf die Ausführungen des Thomas in der Tertia zu demselben Gegenstand ausgeübt hat, erkennen (IIIa q.1 a.3; q.3 a.6)[177]. Auch die Schriften des Bernhard von Clairvaux, des Rupert von Deutz, Richards und Hugos von St. Victor bilden wichtige Quellen für die theologische Argumentation des Thomas in seiner Summa. Naturgemäß ist natürlich bezüglich der Frühscholastik der am häufigsten in der Summa zitierte Autor der Magister der Sentenzen, Petrus Lombardus. Wie eigenständig diesem Thomas gegenübersteht, wurde bereits oben deutlich gemacht.

Doch je näher die benützten *dicta magistralia* zeitlich an die Schaffenszeit des Thomas bzw. die Abfassung seiner Summe heranreichen, umso komplizierter wird ihre Identifizierung und daher auch die genaue Festlegung ihres Einflusses. Meist redet Thomas hier – im Unterschied zu seinem Lehrer Albert, aber durchaus eine Sitte seiner Zeit befolgend – einfach von *quidam* und belässt daher die Autoren, die sehr oft auch noch lediglich über indirekte Zitate wiedergegeben werden, in einer nur vermutungsweise und schwierig aufzulösenden Anonymität. Mit Namen genannt werden in diesem Zusammenhang lediglich, wenn auch nicht immer, die Pariser Verfasser von theologischen Summen, Wilhelm von Auxerre und Präpositinus.[178] Dennoch dürfte hier eine der wichtigsten Quellen für das Denken des Thomas generell, aber natürlich auch in seiner Summa das Werk seines Lehrers Albertus Magnus (1200–1280) sein. Schön hat der bekannte Mediävist Denifle einst formuliert: „Für Thomas war Albert der Große der Elias, an dessen Mantel er sich fortwährend hielt. Ohne Albert wäre Thomas das nicht geworden, was er wirklich ist, Fürst und König der Theologen … Alberts mündlicher Unterricht und schriftliche Vorarbeiten haben den Grund gelegt zu St. Thomas' theologischer Summe."[179] Nicht die theologische Summe Alberts, die erst nach jener des Thomas verfasst wurde, aber dessen Sentenzenkommentar sowie seine *Summa de creaturis* und die Aufzeichnungen, die sich Thomas während seiner Kölner und Paris Studienzeit in den Vorlesungen seines Lehrers über das neuplatonische Werk *De divinis nominibus* des Dionysius Areopagita und jene über die Nikomachische Ethik des Aristoteles machte, waren wichtige Grundlagen für die Arbeit an der Summe des Aquinaten. In Thomas' eigenem Ethikkommentar, der diesem wiederum als Ausgangspunkt für die Arbeit an der *Secunda* diente, hat Gauthier dann auch mehr als 350 Stellen ausfindig gemacht, die offensichtlich auf Alberts Vorlesungen zurückgehen. Bekannt ist, dass Thomas sich den Ethikkommentar Alberts in einer Art Zettelkasten angelegt hatte und die Karteikarten bei der Arbeit an eigenen Werken benützte. Dennoch zeigt sich Thomas auch hier als deutlich eigenständiger Denker, der mit dem Material, das ihm sein Lehrer zur Verfügung stellte, in respektvoller Kreativität umging.[180] Folgt man der Albert-Interpretation Henryk Anzulewiczs', die Albert als genialen Systemdenker zeichnet, so scheint es nicht unwahrscheinlich, dass die Grundstruktur der *Summa theologiae*, wie sie Thomas in Ia q.2 prol. und den Prologen zur Secunda und Tertia formuliert hat (s.o.), fundamental von der grundlegenden Denkstruktur Alberts geprägt ist. Zeichnet sich diese doch nach Anzulewicz durch das „dreigliedrige, dezidiert theologisch fundierte, dem neuplatonischen Denken angemessene, kreisförmig zu denkende Schema: *exitus – perfectio – reductio*"[181], aus.

Literatur:
Martin Grabmann, Der Einfluss Alberts des Großen auf das mittelalterliche
Geistesleben, in: Id., Mittelalterliches Geistesleben, Bd. II, München 1935,
324–412.
Clemente Vansteenkiste, Le fonti del pensiero di Tommaso d'Aquino nella Som-
ma Teologica, Mailand 1979.
James A. Weisheipl, Thomas d'Aquino and Albert, his teacher, Montreal 1980.
José A. Izquierdo Labeaga, Alcune fonti dell'antropologia di san Tommaso, in:
Alpha-Omega 5 (2002) 255–288.

4. Die Philosophen

Wenn auch Thomas in seiner Summe zahlreiche verschiedene Philosophen (Averroes, Avicenna, Boethius, Cicero, Seneca u. a.) zitiert und sich
sachkundig mit deren Theorien auseinander setzt, keiner hat eine solche
Bedeutung wie sie Aristoteles zukommt, den Thomas häufig einfach
„*den* Philosophen"[182] nennt. Daran kann gar kein Zweifel sein: In der
Summa ist Aristoteles der *princeps philosophorum*, der alle anderen
Denker der Philosophie in den Schatten stellt. Auch hieran mag es liegen, dass bei keiner Quelle der Summe der Theologie die Geister in der
Einschätzung der Rolle, die sie genau für das Werk des Aquinaten spielt,
so weit auseinander gehen. Zusammenfassend stellt Otto H. Pesch fest,
die Urteile zur Aristoteles-Rezeption des Aquinaten „reichen von der
These, Thomas interpretiere absolut texttreu und halte seine eigene Meinung zurück, bis zur gegenteiligen These, Thomas korrigiere Aristoteles
interpretierend nach seiner eigenen Meinung, und zu vermittelnden Thesen, wonach er Aristoteles, ohne dessen vorchristliche Lehren zu verbergen, doch soweit wie möglich ‚getauft' habe"[183]. Für die Summe dürfte
dabei ein Mittelweg zwischen den sehr extremen Positionen am zutref-
fendsten sein:
Rein quantitativ können wir zunächst feststellen, dass die Präsenz di-
rekter Zitate aus Aristoteles in der Summe „die des Augustinus ungefähr
um dasselbe Maß wie Augustinus die des AT und NT überragt"[184]. Und
tatsächlich erkennt man aristotelische Grundvorstellungen als grundlegend etwa für die Lehre von den *quinque viae* zu Gott, den so genannten Gottesbeweisen, die Erklärung des Wesens Gottes mit Hilfe der aristotelischen Idee des *actus purus*, die Erklärung des Zusammenhangs von
Immaterialität und Wissen Gottes, in der Anthropologie bzw. der Lehre
von der Geistseele als *forma corporis* und der Erkenntnis des Menschen,

am stärksten und offensichtlichsten aber natürlich in der gesamten Secunda, in der nicht nur Aristoteles immer wieder in zahllosen *corpora
articuli* und *sed contra*-Abschnitten als die entscheidende Autorität auf-
taucht, sondern die sich schon in ihrer teleologischen Denkweise als
durch und durch aristotelisch erweist.[185] Aber auch bezüglich des der
Summa zugrunde liegenden Wissenschaftsbegriffs und des dort gebrauchten wissenschaftlichen Instrumentariums, näherhin der wichtigen
Grundbegriffe (Natur und Person, Substanz und Akzidens, Habitus-Be-
griff, Form und Materie, Potenz und Akt usw.) erweist sich Thomas als
gelehriger Schüler des Stagiriten.[186]

Damit ist freilich noch nicht entschieden, ob der von den Reformatoren erhobene Vorwurf, Thomas habe das Evangelium an einen heidnischen Philosophen verraten, tatsächlich zutrifft. Hier kommt es wieder
ganz darauf an, wie Thomas Aristoteles in sein eigenes geschlossenes Ge-
dankengebäude integriert. Gut wird dies an der thomanischen Rezeption
der ursprünglich aristotelischen Idee des *actus purus* deutlich. Thomas
übernimmt diese Idee, integriert sie aber in einen neuen, so von Aristoteles nicht gekannten Kontext. Aus der Rede Gottes an Mose (Ex 3,13–
14), in der er sich als der „Ego sum qui sum" (Ich bin, der ich bin) selbst
offenbart, sowie aus der damit verbundenen Schöpfungslehre, die eine
Erschaffung alles Seienden aus dem Nichts und dessen kontinuierliche
Seinserhaltung durch den Schöpfer mit sich bringt[187], wird der Begriff
des *actus purus* mit dem des für sich selbst Seienden, des *ipsum esse subsistens*, wie es die Daten der Offenbarung vorgeben, in eins gesetzt. Wo-
durch freilich der aristotelische Aktbegriff tief greifend transformiert
wird und als Ergebnis nicht nur die Gotteslehre des Aquinaten, sondern
dessen ganz eigentümlicher Seinsbegriff, der in der Geschichte des Denkens bis dahin nicht seinesgleichen kannte, entwickelt wird.[188] An diesem
Zusammentreffen der alttestamentlichen Offenbarung mit aristotelischem Gedankengut wird besonders gut deutlich, dass für Thomas die
Offenbarung grundsätzlich der Philosophie bzw. den Profanwissenschaften, als deren Hauptvertreter Aristoteles fungiert, übergeordnet ist. Wo
die mit Hilfe der Kirchenväter bereits aufbereitete Offenbarung zum
Zwecke der weiteren spekulativen Durchdringung mit philosophischen
Vorstellungen und der dazugehörigen Begrifflichkeit zusammengebracht
wird, ist sie es, die bei der Synthese den Ton angibt und in der sehr eigenständigen Neukonzeption des Aquinaten zu einer tief greifenden Ver-
wandlung der Philosophie führt. Oder um ein häufig in diesem Zusammenhang verwendetes Bild zu gebrauchen: Die Summa gleicht einem

sehr reinen und klaren Bergsee, der die Sonne der ewigen unveränderlichen göttlichen Wahrheit deshalb so unverfälscht und einmalig spiegeln kann, weil ihm von allen Seiten Wasser zuströmen und er diese aufnimmt, aber das, was sie an Schmutz und Schutt mit sich führen, versinken lässt, so dass sie solcherart gereinigt ganz in dem See aufzugehen vermögen.[189]

Literatur:

Roeder von Diersberg, Aristoteleszitate bei Thomas von Aquin, in: DT 31 (1953) 328–348.

D. A. Callus, Les sources de saint Thomas d'Aquin. Etat de la question, in: P. Moraux (Hrsg.), Aristote et saint Thomas d'Aquin, Löwen – Paris 1957, 93–174.

Th. R. Heath, Aristotelian Influence in Thomistic Wisdom. A comparative study, Washington D.C. 1956.

Dimitrios Papadis, Die Rezeption der Nikomachischen Ethik des Aristoteles bei Thomas von Aquin, Frankfurt a. M. 1980.

J. R. Catan, Aristotele e San Tommaso intorno all'*actus essendi*, in: Rivista di Filosofia Neo-Scolastica 73 (1981) 639–655.

Leo Elders, Saint Thomas d'Aquin et Aristote, in: RThom 88 (1988) 357–376.

–, Averroès et saint Thomas d'Aquin, in: DocComm 45 (1992) 46–56.

Martin Rhonheimer, Praktische Vernunft und Vernünftigkeit der Praxis. Handlungstheorie bei Thomas von Aquin in ihrer Entstehung aus dem Problemkontext der aristotelischen Ethik, Berlin 1994.

L. Jansen, Was hat der inkarnierte Logos mit Aristoteles zu tun? Thomas von Aquins Gebrauch der Philosophie in der Auslegung des Johannesprologs und eine holistische Interpretation seiner Schrifthermeneutik, in: Theologie und Philosophie 75 (2000) 89–99.

VIII. Formen der Interpretation der Summa theologiae

Bereits im vierten Kapitel wurde die Rezeption der *Summa theologiae* des Aquinaten im Verlauf der letzten sieben Jahrhunderte kurz skizziert. Auf dem Hintergrund dieser Rezeptionsgeschichte haben sich sozusagen zwei methodische Umgangsweisen, die auf ihre Weise Unterschied und Zusammenhang von Geschichte und Systematik spiegeln, herausgebildet: das dialektisch-kommentierende und das historisch-genetische Verfahren. Als eigentliche Ansätze einer tiefer gehenden Beschäftigung mit den Texten der Summe stehen sie freilich neben der heute viel weiter verbreiteten sporadischen Bezugnahme auf einzelne Stellen aus dem Werk, die dann innerhalb eines neuen eigenständigen Werkes als Belegstellen herangezogen werden. Soll diese Bezugnahme allerdings verantwortet geschehen, wird sie nicht umhin können, die Ergebnisse der speziellen Studien zur Summe zugrunde zu legen.

1. Das dialektisch-kommentierende Verfahren

Das dialektisch-kommentierende Verfahren entspringt zunächst einem vor allem systematisch-spekulativ ausgerichteten Interesse an der Summa. Sein Ziel ist eine möglichst detaillierte Analyse der Texte, der *littera*, des Aquinaten vorzulegen, weshalb die entstehenden Kommentare dann auch Litteral- (*expositio litteralis*) oder Artikulatim-Kommentare, weil Artikel für Artikel kommentiert bzw. *articulatim* vorgegangen wird, genannt werden. Unübersehbar ergänzt wird diese enge Bindung an den Buchstaben des Textes durch das konstant anzutreffende Bemühen, dabei stets die leitenden Grundideen des Thomas im Blick zu behalten: Dazu wird natürlich zunächst größter Wert auf eine sorgfältige Anlehnung an den Text des jeweiligen Artikels selbst gelegt, dieser aber dann auch in den größeren Zusammenhang der jeweiligen Quaestion bzw. des ganzen Teiles eingeordnet, um so die großen Leitmotive der Synthese klar erkennbar zu machen.

Dabei wird so vorgegangen, dass man meist zunächst die Teile in Traktate portioniert, die dann einzeln kommentiert werden: zuerst durch
begründete Zuteilung der Quaestionen aus der Summa zu den über die
Einteilung der Summa hinaus gebildeten Traktaten sowie die Erklärung
der eigentümlichen Anordnung der Artikel innerhalb der Quaestionen.
Das Hauptaugenmerk liegt dann freilich naturgemäß auf der Analyse
des einzelnen Artikels: Zunächst wird die Ausgangsfrage genau geklärt
(*status quaestionis*), um dann sofort zur Betrachtung des *corpus articuli*
voranzuschreiten (*responsio*). Dabei werden zunächst einzeln die von
Thomas dort gebrauchten philosophischen und theologischen Ausdrü-
cke definiert sowie allgemeine leitende philosophische oder theologische Grundsätze, die für den Beweisgang des Thomas eine fundamentale Rolle spielen, geklärt. So vorbereitet wird dem Leser bzw. Hörer die
Lösung des Thomas auf übersichtliche Weise referiert, meist in Form
eines klar gegliederten Syllogismus. In diesem Zusammenhang werden
dann, ebenfalls meist in syllogistische Form, auch die im Artikel angeführten Einwände sowie deren Antworten darauf kommentiert. Sind
Stellen unklar, so werden sie durch Paralleltexte aus den anderen
Schriften des Aquinaten erklärt. Dieser Interpretationsregel, die zur
Klärung von strittigen Punkten zuerst Thomas und erst in einem zweiten Schritt seine großen Interpreten heranzieht, hat der Dominikanertheologe Antoine Massoulié ihren Namen gegeben: „Divus Thomas sui
interpres": Thomas selbst ist sein bester Interpret![190] Dies ist deshalb
wichtig zu erwähnen, weil das Ausgehen von diesem Prinzip sehr unter-
schiedliche Formen annehmen konnte: Unweigerlich stießen die Kommentatoren bei dem Zu-Rate-Ziehen der anderen Schriften auf Stellen,
die zu ein und derselben Frage zumindest scheinbar widersprüchliche
Antworten gaben. Dies führte dort, wo man von einer übernatürlichen
Inspiriertheit und Unfehlbarkeit der Schriften des Thomas ausging,
dazu, dass man diese (vermeintlichen) Widersprüche durch eine häufig
spekulativ sehr tief schürfende Interpretation der Texte zu harmonisieren suchte.[191] Zugleich regten diese Unstimmigkeiten natürlich andererseits auch dazu an, über die chronologische Einteilung der verglichenen
Werke Nachforschungen anzustellen, die Echtheit der jeweiligen Schriften zu prüfen und, wo sie feststand, die Veränderungen im Denken des
Thomas genau zu beschreiben.
    Eine mehr oder weniger an dem Geist des großen Lehrers und die
Grundgedanken der Summe angelehnte Weiterentwicklung der Theologie findet sich in den an diese Erklärung angeschlossenen Korollarien,

die zunächst eigentlich die Aufgabe haben, aus den Sätzen des Thomas weitere Lehrsätze herzuleiten[192], in denen aber auch kritisch Bezug auf Summenkommentare anderer Autoren genommen wird und aktuelle theologische Streitfragen von der Position des Thomas aus diskutiert werden. Nicht selten erfährt die Lehre des Aquinaten in diesen Abschnitten eine (häufig auch sehr weit gehende und der Gedankenwelt des Thomas nicht selten fremde[193]) spekulative Erweiterung.

Wenn auch die Lektüre eines solchen Kommentars „den auf Schnelligkeit bedachten modernen Leser auf eine harte Geduldsprobe stellt"[194], so lässt sich doch bezüglich dieser Methode der Interpretation der Summe, die vor allem bei den großen Thomisten aus dem Dominikaner- und Karmeliterorden bis ins zwanzigste Jahrhundert weit verbreitet war, positiv feststellen: „Diese Methode der Thomasexegese ... hat ohne Zweifel große Vorteile. Sie verhilft zu großer Vertrautheit mit den thomistischen Texten, führt tief in den Zusammenhang der thomistischen Lehrsätze ein, zeigt die eiserne Konsequenz des thomistischen Systems auf und lässt vor allem die Struktur und Architektonik der theologischen Summe scharf hervortreten."[195]

2. Die historisch-genetische Methode

Aus der breiten Anwendung des Interpretationskanons „Divus Thomas sui interpres" wächst gleichsam unter dem Einfluss des zunehmenden Interesses an der Geschichte des Denkens die zweite Methode der Erklärung der *Summa theologiae* hervor: die historisch-genetische Methode.

Sie ist vor allem am historischen Kontext der Texte, denen die zuerst beschriebene Methode all ihre Sorgfalt zuwendet, interessiert. Dabei wird der Kontext im Idealfall ganzheitlich, d.h. unter dem Aspekt der Vorzeit, der Gegenwart und des Nachwirkens der Summe betrachtet: Diese Methode untersucht genau die Entstehung der Texte, die Quellen, aus denen sie schöpfen, und wie diese unter der Hand des Aquinaten transformiert werden. Sie prüft die Texte auf ihre Echtheit, ordnet sie in das Lebenswerk des Aquinaten ein und schenkt so der Lehrentwicklung innerhalb des thomanischen Werkes große Aufmerksamkeit. Sie ist weiterhin bestrebt, das Unterscheidend-Besondere der Lehre des Thomas im Vergleich zu seinen Zeitgenossen und Vorgängern herauszuarbeiten, um schließlich in einem dritten Schritt den Wirkungen, die die jeweiligen Texte der Summe auf die Nachwelt bzw. die Geschichte von Philosophie und Theologie hatten, nachzugehen.[196]

Auch hier dürfte für die Gesamtbeurteilung dieser Methode wieder ein Wort Grabmanns hilfreich sein: Die historisch-genetische Methode „hilft uns vor allem auch dazu, in das reich, auf alle Strömungen und Anregungen damaliger Zeit achtende Geistesleben des Aquinaten uns zu versenken und die Genesis und das Wachstum seiner philosophisch-theologischen Gedanken wahrzunehmen. Namentlich tritt uns die Vollreife der theologischen Summa in methodischem und sachlichem Betracht in lebenswahrer Wirklichkeit entgegen, wenn wir deren Stellung im Gesamtbild der Scholastik im Großen und im Einzelnen sorgsam und quellengetreu betrachten."[197]

Das Hilfreiche und die Notwendigkeit dieser Methode für eine verantwortbare Thomas-Interpretation dürfen allerdings nicht deren Gefahren übersehen lassen. Wie das dialektisch-kommentierende Verfahren zu verhängnisvollen Fehlschlüssen kommen kann, wenn es die gesicherten Ergebnisse der historischen Thomas-Forschung übergeht, so bewirkt eine ausschließlich historische Befassung mit den Texten der Summa, dass diese bestenfalls zu einem schön restaurierten Museum wird, das in seiner Sterilität vielleicht zu einem temporären Überlebensraum für Doktoranden taugt, aber in dem sich kein Theologe wirklich zu Hause fühlen wird. So schwierig dieses Unterfangen scheint, so notwendig ist es: Nur eine Synthese beider Methoden wird letztlich zu einer tragfähigen Interpretation der Summe führen, die deren nachhaltige Aktualität auch im heutigen Denken fruchtbar zu machen vermag.

Literatur:
Joachim Berthier, L'Étude de la Somme théologique de Saint Thomas d'Aquin, Paris 1906, 95–117.
Grabmann, Einführung in die Summa theologiae, 116–135.
H. Wilms, Konrad Köllin als Thomaskommentator, in: DT 15 (1937) 33–42.
Hermann Lais, Die Gnadenlehre des heiligen Thomas in der Summa Contra Gentiles und der Kommentar des Franziskus Sylvestris von Ferrara, München 1951, 10–12.
Otto H. Pesch, Einleitung, in: DThA 13 (1977) 7–14.

IX. Die erste Quaestion der Prima als ein Schlüssel zum Verständnis des Gesamtwerkes

Auch wenn James Weisheipl immer wieder die Überzeugung zum Ausdruck brachte, dass die allererste Quaestion der Summa „keine Einleitung in die Summa selbst"[198] ist, so ist doch kaum zu bestreiten, dass sie zumindest einen wichtigen Schlüssel zur Erschließung des Gesamtverständnisses dieses Werkes darstellt. Gibt hier Thomas doch genaue Rechenschaft davon, was mit der „Theologie" im Titel des Werkes genau gemeint ist und welcher Methoden sie sich zu bedienen hat. Deshalb sollen im Folgenden die großen Grundaussagen dieser Quaestion genauer vorgestellt werden. Da hier eine allgemeinverständliche kurze Einleitung in die Summa angezielt wird, stellen unsere Ausführungen keinen Kommentar im oben postulierten Sinne dar. Auch ist es nicht möglich, in allen Einzelheiten auf die Kontroversen, die diese Quaestio auch unter den jüngeren Thomas-Forschern ausgelöst hat und die eng mit der Diskussion um den Aufbauplan der Summa zusammenhängen (s. o.), ausführlich einzugehen. Wie in den anderen Kapiteln auch wird auf die genannten Kontroversen aufrisshaft hingewiesen, werden die dazu existierenden Kommentare und wissenschaftlichen Beiträge den Ausführungen grundgelegt und zu einem weiterführenden Studium empfohlen (siehe Literatur!).

Dass Thomas selbst von der Wichtigkeit dieser einleitenden Bemerkungen in der ersten Quaestion seiner Summe überzeugt war, zeigt der dem Prolog zur gesamten Summa folgende Kurzprolog, mit dem er diese eröffnet: „Vor allem müssen wir unsere Aufgabe fest umgrenzen und daher zunächst untersuchen, welcher Art diese Lehre ist, die wir als ‚heilige Lehre' [*sacra doctrina*] bezeichnen, und worauf sie sich erstreckt."[199] Diese genaue Definition des Aufgabenfeldes wird geleitet von den Forderungen, die Aristoteles in seiner *Analytica Posteriora* an jede Einleitung in eine Wissenschaft stellt, sowie den einleitenden Definitionsversuchen von Vorgängern und Zeitgenossen des Aquinaten[200]: Sie muss über die Existenz, die Natur und die Methode der jeweiligen Wissenschaft Rechenschaft ablegen. Genau dies tut Thomas hier: In dem ersten Artikel handelt er von der Notwendigkeit der *sacra doctrina*, die mit deren Existenz untrennbar verbunden ist. Die folgenden sechs Artikel entwickeln eine Begriffsbestimmung der *sacra doctrina*, indem sie die folgenden Fragen beantworten: Ist sie eine Wissenschaft? Ist sie nur eine Wissenschaft oder zerfällt sie in viele Disziplinen? Gehört sie zu den spekulativen oder zu den praktischen Wissenschaften? Wie verhält sie sich zu den anderen Wissenschaften? Kann man sie Weisheit nennen und welches ist ihr Gegenstand? Aus dem Wesen der Wissenschaft ist deren Methode zu entwickeln. So folgen drei Artikel, die nach dem Beweisverfahren und dem Umgang der Theologie mit der Bibel fragen.[201]

1. Die Notwendigkeit der Existenz einer „sacra doctrina"

Schon bei der Begriffsklärung, die uns zum Verständnis des ersten Artikels hinführt, stoßen wir auf theologiegeschichtlich sozusagen vermintes Terrain. Und zwar bei der Erklärung dessen, was Thomas meint, wenn er von der *sacra doctrina*, der heiligen Lehre spricht, bzw. welches Verhältnis dieser Begriff zu dem der *theologia* besitzt: Versteht Thomas in der Summe *sacra doctrina* als weiten Begriff, der neben dem Glauben und der Offenbarung auch die Theologie umfasst, wie u. a. Kardinal Cajetan in seinem Summenkommentar und auch einige moderne Thomas-Deuter meinen?[202] Oder ist *sacra doctrina* im engeren Sinne und damit als weithin deckungsgleich mit dem der wissenschaftlichen Theologie zu verstehen, wie u. a. Domingo Báñez und Johannes a Sancto Thoma annehmen? Für die erstere Ansicht scheint eine kleine Nebenbemerkung in Ia q.1 a.1 ad 2 zu sprechen, wo Thomas von der Theologie spricht, „die zur heiligen Lehre gehört" („… theologia quae ad sacram doctrinam pertinet"). Anderseits spricht Thomas in den gesamten folgenden Artikeln unserer Quaestion von der *sacra doctrina* im engeren Sinne der theologischen Wissenschaft. Von daher scheint die vermittelnd-differenzierende Position, die Garrigou-Lagrange und Grabmann eingenommen haben, nach wie vor die überzeugendste: In dem ersten Artikel ist *sacra doctrina* im weiteren Sinne als ganze, Glaube und Theologie umfassende Lehre, in den folgenden Artikeln im engeren Sinne zu verstehen.[203] Dafür spricht nicht nur, dass dies gut zur aristotelischen Lehrmethode, die vom eher konfusen zum differenzierten Begriff voranschreitet, passt, sondern auch, dass für Thomas *doctrina* allein sowohl aktive Lehre bzw. passive Belehrung im Sinne einer Tätigkeit als Unterricht als auch Inhalt eines Lehrfaches, einer klar abgegrenzten wissenschaftlichen Doktrin bedeuten kann.[204]

Leichter ist die Klärung des Begriffs der Notwendigkeit, der nach der klassischen Wissenschaftstheorie unabdingbar jene Wahrheiten auszeichnet, die die Prinzipien der Wissenschaft bilden und diesen Evidenz verleiht.[205] Sie führt uns direkt in die Grundaussage des Artikels ein: Man kann eine absolut-unbedingte und eine relativ-bedingte Notwendigkeit unterscheiden. Erstere hat ihren Grund im Wesen der Sache selbst: In der Natur des Dreiecks etwa liegt es, dass es drei Winkel hat, die zwei rechten gleich sind. Dies ist also eine unbedingte Notwendigkeit für das Dreieck. Die relative Notwendigkeit dagegen kommt einer Sache nur von etwas Äußerem, außerhalb ihrer Natur Liegenden her zu: So sind einem Menschen, wenn er ein spezielles Ziel anstrebt, zur Erreichung eben dieses Zieles bestimmte Mittel notwendig: „So entsteht aus dem Willen, über das Meer zu fahren, im Willen die Notwendigkeit, ein Schiff zu wollen."[206]

Bei der Notwendigkeit, nach der in unserem Zusammenhang gefragt wird, handelt es sich um die zweite Art von Notwendigkeit. Denn Gott hat den Menschen für ein Ziel bestimmt, das ihm nicht mit seiner Natur gegeben ist, das jede Möglichkeit dessen, was er von Natur aus besitzt, daher unendlich überragt[207]: die Anschauung Gottes von Angesicht zu Angesicht, in der das Wesen Gottes durch Vermittlung des gnadenhaften Glorienlichtes selbst zur Erkenntnisform des menschlichen Verstandes werden muss und diesen so weit über seine Natur erhebt.[208] Dieses Ziel ist daher „übernatürlich" zu nennen. Um sich jedoch auf den Weg zu diesem Ziel machen zu können, muss der Mensch dieses kennen – eine Erkenntnis, die dem Menschen aufgrund der genannten Übernatürlichkeit jedoch nicht aus sich möglich ist und die er deshalb auch nicht durch die philosophischen Disziplinen einholen kann, selbst wenn diese, in jenem Bereich, den Aristoteles in seiner Metaphysik Theologie nennt, von Gott sprechen. Er bedarf also einer Erkenntnis, die über seine Vernunft hinausgeht und die er als Geschenk annehmen darf. Zudem weiß Gott um die Schwäche der menschlichen Natur, so dass er auch Wahrheiten über sich offenbarte, die – wie die Einsichten der großen heidnischen Philosophen zeigen – der menschlichen Vernunft abstrakt gesehen an und für sich erreichbar sind, die aber meistens tatsächlich nicht oder nur vermischt mit Irrtümern erreicht würden: „Sollten die Menschen daher in größerer Zahl und mit größerer Sicherheit das Heil erlangen, so musste Gott ihnen diese Wahrheiten offenbaren. So war also neben den philosophischen Wissenschaften, die rein auf der Forschungsarbeit der menschlichen Vernunft beruhen, eine heilige Lehre notwendig, die auf göttlicher Offenbarung gründet."[209]

2. Das Wesen der „sacra doctrina"

Für uns ist die Theologie heute zumeist eine unter anderen an der Universität gelehrten Wissenschaften geworden, die im Unterrichtsbetrieb einen klar abgegrenzten Raum einnimmt und sich an den allgemein üblichen wissenschaftlichen Standards messen lassen muss. Dies war zur Zeit des Thomas noch ganz anders. Der Wissenschaftscharakter der Theologie und ihr Verhältnis zu den mit dem Aristotelismus in die Autonomie drängenden profanen Wissenschaften war noch weitgehend ungeklärt. Allgemein prägend war das von den Kirchenvätern übernommene, etwa bei Bonaventura in kunstvoller Form anzutreffende Einheitskonzept der christlichen Weisheit, auf die alle Wissenschaften und Künste zurückzuführen sind und das die Frage, ob der aristotelische Wissenschaftsbegriff auf die Theologie anwendbar ist, ebenso übergeht wie es eine klare Unterscheidung von Philosophie (bzw. „Profanwissenschaft") und Theologie sehr schwierig macht.[210] Gerade nach einer solch klaren Differenzierung verlangt aber der hochmittelalterliche Lehrbetrieb. So fragen die großen Scholastiker in ihren Summen alle mehr oder weniger direkt danach, ob es sich bei der Theologie um eine Wissenschaft (*scientia*) handelt. Diese Frage gewinnt unter der Rezeption des aristotelischen Wissenschaftsbegriffes eine besondere Schärfe. Thomas ist einer der ersten Scholastiker, die die Frage unter dieser Prämisse zu stellen wagen. Sein Lehrer Albert stellt, ähnlich wie die Vertreter der älteren Franziskanerschule und die englischen Dominikaner Richard Fishacre und Robert Kilwardy, diese Frage in seinem Sentenzenkommentar nur indirekt, in seiner allerdings erst nach der Summa seines Schülers verfassten *Summa theologiae* (q.I, tract.1 q.1) direkt, legt dabei aber den hergebrachten augustinischen Wissenschaftsbegriff zugrunde.[211]

Nach dem aristotelischen Wissenschaftsbegriff ist *epistéme* bzw. *scientia* – im Unterschied zum heute meinungsführenden Wissenschaftsbegriff, der die Wissenschaft als hypothetisch vorgehend und ihr Gegenstandsgebiet konstruktivistisch setzend versteht[212] – eine Erkenntnis, die aus den *archai*, d. h. aus Prinzipien, aus allgemein einleuchtenden, evidenten Grundsätzen diskursiv abgeleitet ist[213]: Mit der fast apodiktischen Feststellung: „Jede Wissenschaft gründet in Prinzipien, die durch sich selbst einsichtig sind"[214], eröffnet Thomas seinen Artikel, der nach dem Wissenschaftscharakter der *doctrina sacra* fragt. Dieser Grundsatz aber wird zum Problem: Theologie nämlich geht von Glaubenssätzen aus, deren grundsätzliche Eigenschaft gerade in ihrem Charakter als Mysterium besteht, weshalb sie für den menschlichen Verstand auch nicht durch sich selbst einsichtig sind.[215] Andererseits spricht Augustinus in seinem Werk *De Trinitate* (XIV, 1) von der *sacra doctrina* als von einer Wissenschaft. So begegnen sich auch hier, wo Thomas unser Problem löst, Aristoteles und Augustinus auf für Thomas typische Weise.

Außer den Wissenschaften, die ihre Prinzipien aus ihrem eigenen Bereich schöpfen bzw. deren Prinzipien aus dem natürlichen Licht des Verstandes hervorgehen (z. B. Geometrie und Arithmetik), gibt es jene, die das Konzept der *scientia subalternata* verwirklichen: Diese bekommen ihre Prinzipien von einer ihnen übergeordneten Wissenschaft zur Verfügung gestellt. So etwa die Musik, die auf die Prinzipien der Arithmetik angewiesen ist: „Und auf diese Weise ist die heilige Lehre eine Wissenschaft, weil sie sich auf Prinzipien stützt, die durch das Licht einer höheren Wissenschaft erkannt werden: der Wissenschaft Gottes und der Seligen."[216] Mögen die Grundsätze der *sacra doctrina*, die Lehren der Offenbarung, für uns auch nicht unmittelbar einleuchtend sein und können wir sie nicht aus einer anderen menschlichen Wissenschaft, wie etwa der Philosophie, ableiten, Gott sind sie ebenso unmittelbar evident, wie sie die Seligen in der *visio beatifica* sehen dürfen. Deutlich ist hier erkennbar, wie Thomas das aristotelische *scientia*-Konzept übernimmt, es aber ganz in den Dienst der christlichen Glaubenswissenschaft stellt und so grundlegend transformiert, indem er das schauende Wissen Gottes und der Seligen zur höchsten aller Wissenschaften erklärt.[217]

So hoch gegriffen, wie es klingt, meint es Thomas tatsächlich: Die Theologie ist Partizipation am Wissen Gottes selbst. Gleichsam „von oben", mit den Augen Gottes schaut sie auf sein Werk, das von ihm ausgeht und zu ihm zurückkehrt. Gleichzeitig ist sie in diesen Kreislauf aufgenommen, da sie aus seiner Offenbarung hervorgeht und gleichsam zu ihm zurückwächst, indem sie versucht, der beseligenden Schau der Heiligen immer näher zu kommen, Gott zu sehen, wie er sich selbst sieht. Insofern kann Thomas auch von der *sacra doctrina* als „einer Art Einprägung des göttlichen Wissens"[218] sprechen, deren Einheitlichkeit ihr Licht von der Sonne der „höchsten Einheit und Einfachheit des göttlichen Wissens" empfängt. Richtig hat Grabmann im Anschluss an Yves Congar darauf aufmerksam gemacht, dass es sich bei dieser Rede von der Einprägung des göttlichen Wissens nicht um eine rhetorische Floskel handelt, sondern diese für Thomas den genauen Terminus darstellt für das, was er unter Theologie in der Summa versteht: „Auf der Grundlage der Glaubensgnade entsteht im menschlichen Geiste durch die menschliche Intelligenz des Glaubenden, d. h. durch die Wege des diskursiven, vernünftigen Denkens eine gewisse Nachahmung und Reproduktion der Verkettung der Dinge, wie sie im göttlichen Geist besteht, wo die weniger intelligiblen Gegenstände in den lichtvolleren und schließlich in dem Lichte, welches Gott selbst ist, bekannt sind ... So erscheint uns die Theologie als das Bemühen des vernunftbegabten Gläubigen, die Welt wieder zu denken, wie Gott sie denkt ...“[219] Auf den Punkt gebracht ist das Ziel der Theologie und damit natürlich auch der *Summa theologiae* die rationale Reproduktion der *scientia Dei et beatorum*. Dabei muss sich der Theologe freilich immer dessen bewusst bleiben, dass diese Reproduktion bis zu ihrer letzten Vollendung in der *visio beatifica*, in der das Abbild sozusagen mit seinem Urbild wieder verschmilzt, unvollkommen und unvollständig ist. Die neuere Theologie spricht hier zutreffend von dem eschatologischen Vorbehalt.

Die genannte Einheitlichkeit, die ein zentrales Kriterium der Wissenschaftlichkeit darstellt, zeigt sich auch in der Tatsache, dass die Theologie sowohl die Eigenschaften der spekulativen wie der praktischen Wissenschaften in einer einzigen Wissenschaft zu vereinen vermag: „Die *sacra doctrina* begreift beides in sich, ähnlich wie auch Gott mit demselben Wissen sich erkennt und das, was er schafft. Doch ist die heilige Lehre mehr spekulativ als praktisch, weil sie in erster Linie das Göttliche betrachtet und sich erst in zweiter Linie mit den Handlungen der Menschen befasst. Diese berücksichtigt sie nämlich nur insoweit, als der Mensch durch seine Akte hinstrebt zur vollkommenen Gotteserkenntnis, in der die ewige Seligkeit besteht.“[220] Nach dem bereits Ausgeführten scheint es überflüssig darauf hinzuweisen, dass Thomas hier die wissenschaftstheoretische Grundlage sieht für den Aufbau seiner Summe.

Diese Synthese aus spekulativem und praktischem Aspekt, die die Summa im Folgenden umsetzen wird, ist auch ein wichtiger Grund für den Vorrang, der der *doctrina sacra* vor den anderen Wissenschaften zukommt (Ia q.1 a.5). Ihre letzte Begründung erhält diese Vorrangstellung jedoch aus der Tatsache, dass die Theologie letztlich ihre „Prinzipien nicht von einer anderen Wissenschaft, sondern unmittelbar von Gott durch die Offenbarung“[221] erhält. Auch dass die Prinzipien der heiligen Lehre zumindest noch die Möglichkeit des Zweifels offen lassen, tut der

Vorrangstellung keinen Abbruch. Zwar konzediert Thomas dem Stagiriten, dass der Rang einer Wissenschaft durch deren Grad an Sicherheit
mit-bestimmt wird. Dabei muss aber die objektive, nicht die subjektive
Gewissheit in den Blick genommen werden: Die genannten Zweifel rüh-
ren aber aus der Unzulänglichkeit des menschlichen Geistes, der sich zu
diesen Prinzipien verhält „wie das Auge des Nachtvogels zur Mittagsson-
ne"[222]. In sich betrachtet sind diese Geheimnisse zuhöchst lichtvoll und
intelligibel, da sie der Quelle aller Wahrheit selbst unmittelbar entspringen. Im Glauben, der auf die Offenbarung antwortet, bietet sich dem
Theologen jedoch die Chance, die subjektiven Zweifel gegen eine alle
anderen wissenschaftlichen Sicherheiten überragende Sicherheit einzu-
tauschen.

Der Ausgang der Theologie von Gott ist auch der Grund dafür, dass
man die Theologie Weisheit (*sapientia*) im eminenten Sinne nennen
kann: Ist es der Weisheit doch zu eigen, ihre Urteile von einer möglichst
hohen Warte bzw. Ursache, von den höchsten Prinzipien aus zu fällen
und von daher alles beurteilend zu ordnen[223]: „So nennt man in der Bau-
kunst den Künstler, der den Plan zum Haus entwirft, weise und Baumeister, und zwar gegenüber den untergeordneten Bauleuten, die die Steine
behauen und den Mörtel bereiten. – Gemäß 1 Kor 3,10: *Wie ein weiser
Baumeister habe ich das Fundament gelegt.*"[224] Dem Theologen ist es nun
aber vergönnt, alles von der allerhöchsten Ursache des Weltalls aus, nach
den ewigen Gedanken Gottes, zu beurteilen und ordnend nach-zuden-
ken: „Darum verdient die heilige Lehre den Namen Weisheit im höchsten Maße."[225] Spätestens bei diesem Artikel wird deutlich, dass die Frage
nach der Architektonik der Summa eine durchaus legitime ist und Thomas sich selbst als Architekt einer Synthese versteht, der stets bestrebt
ist, der Perfektion, die in dem Wissen Gottes und der Offenbarung als
Manifestation dieses Wissens liegt, im System seiner *Summa theologiae*
eine möglichst angemessene Entsprechung zu verschaffen.

Mit dem 7. Artikel der ersten Quaestion, in dem Thomas nach dem
Gegenstand der *doctrina sacra* fragt, erreichen die Überlegungen zum
Wesen der Theologie sozusagen ihren Höhepunkt. Ausgangspunkt ist
wieder ein wichtiges Axiom des aristotelisch-thomistischen Denkens:
Actus et habitus specificantur ab objecto: Alle Akte und bleibenden Fer-
tigkeiten (und als eine solche versteht Thomas die Wissenschaft) werden
in ihrem spezifischen Wesen nach ihrem Objekt bestimmt.[226] Das heißt,
die letzte Wesensbestimmung der *doctrina sacra* ist genau nur über ihr
Formalobjekt – oder wie Thomas hier sagt: ihr Subjekt[227] – bestimmbar:

„Gegenstand einer Wissenschaft ist dasjenige, wovon in der betreffenden Wissenschaft die Rede ist. In unserer Wissenschaft aber ist die Rede von Gott, denn sie heißt ,Theologie', was so viel bedeutet wie: Lehre von Gott ... Gott ist in der heiligen Lehre der einigende Leitgedanke, von dem alles beherrscht wird; und zwar handelt es sich entweder um Gott selbst oder um die Dinge, sofern sie Beziehung haben zu Gott als zu ihrem Ursprung und zu ihrem Ziel."[228] In Gott – und zwar Gott unter dem Gesichtspunkt seiner Gottheit (Cajetan), d. h. so wie er sich selbst erkennt und wie er diese Erkenntnis in der übernatürlichen Offenbarung mitteilt – haben wir den letzten Gipfelpunkt der Theologie: Aus ihm geht die Offenbarung bzw. gehen die Prinzipien der Theologie hervor, die die ganze Wissenschaft virtuell-keimhaft (*virtute*) in sich enthalten. Man spricht daher in der thomistischen Schule von der virtuellen Offenbarung als dem *objectum formale quo* der Theologie, dem Mittel, durch das das Formalobjekt erkannt wird. Dadurch wird auch die Unterscheidung zwischen Theologie als Glaubenswissenschaft und dem Glauben deutlich: Letzterer stützt sich unmittelbar auf die Offenbarung bzw. hat zum *objectum formale quo* die formelle Offenbarung.

Aufgrund dieser Bestimmung des Formalobjektes bedeutet es nach Thomas eine unstatthafte Verlagerung, die das Hauptsächliche zugunsten des Zweitrangigen verstellt, wenn manche Theologen einfach die Heilige Schrift, die Heilsgeschichte, Christus und seinen mystischen Leib oder „Dinge und Zeichen"[229] zum Objekt dieser Theologie erklären und danach dann die Architektur ihrer Theologie ausrichten: Zwar befasst sich die Theologie auch mit diesen Dingen, aber nur insofern sie zu Gott, als dem einenden Leitgedanken aller Einzelelemente, eine Beziehung haben (Ia q.1 a.7 ad 2). Auf die zentrale Rolle dieser Grundentscheidung des Thomas für die theozentrische Architektur seiner Summe wurde bereits hingewiesen (V 3).

3. Die Methode der „sacra doctrina"

In den ersten sieben Artikeln hat Thomas auf synthetischem Weg das Wesen dessen, was er meint, wenn er von Theologie bzw. *doctrina sacra* spricht, deutlich dargestellt. Dieser Weg, den die Scholastiker die *venatio definitionum*, die Jagd nach den Begriffsbestimmungen nennen[230], geht von den uns am nächsten liegenden Objekten der Erfahrung aus, kreist seinen Gegenstand durch das Erarbeiten unterscheidender Merkmale immer deutlicher ein, steigt so die Stufen der Erkenntnis bis zu den ersten Prinzipien empor, um schließlich über die Bestimmung des Formalobjekts zur letzten und entscheidenden Differenz zu gelangen. Mit dem 7. Artikel ist sozusagen jener Gipfelpunkt erreicht, von dem aus der Aquinate aus dem Formalobjekt bzw. dem Wesen dieser Wissenschaft deren adäquate Methoden deduzieren kann. So vollzieht sich durch diesen geistigen Abstieg auch in dem Prozess der wissenschaftlichen Erkenntnis jene Kreisbewegung, die sowohl die Struktur der in den Blick genommenen ersten Quaestion wie der ganzen Summe prägt und die nach Aristoteles und Thomas die Signatur der vollkommenen Erkenntnis darstellt.[231]

Da also die Theologie zum Formalobjekt Gott in seinem innersten Leben, der durch die virtuelle Offenbarung erkannt wird, hat und daher als eine gewisse Einprägung der göttlichen Selbsterkenntnis im Geiste des Menschen verstanden werden darf, empfängt sie ihre Prinzipien aus einer höheren Wissenschaft. Sie ist *scientia subalternata* und damit verbunden kommt es ihr nicht zu, was von der Sache her ohnehin nicht angemessen ist, nämlich die Glaubensartikel rational zu begründen. Nicht wir steigen in der Offenbarung zu Gott hinauf, vielmehr steigt das Glaubenswissen in Gestalt göttlicher Offenbarung zu uns herab.[232] Daher ist es geradezu das Proprium der *sacra doctrina*, „zum Beweis die Autorität sprechen zu lassen, eben weil die Prinzipien dieser Lehre aus der Offenbarung stammen"[233]. Sie ist also tatsächlich Autoritätswissenschaft. Was für die Philosophie gilt, dass der Autoritätsbeweis das schwächste aller Argumente ist, das kehrt sich in der Theologie völlig um: Hier ist der Autoritätsbeweis, „der sich auf die göttliche Offenbarung stützt, von allen der schlagendste"[234]. Das heißt freilich nicht, dass sich die Aufgabe der Theologie in dem Feststellen der Glaubensartikel erschöpft.

Zunächst hat sie eine apologetische Aufgabe, d. h., sie verteidigt ihre Prinzipien gegen jene, die diese leugnen oder entstellen: Nehmen diese Gegner das Fundament des Glaubens noch an, dann kann man sich mit ihren Ansichten auf der Basis der Offenbarung argumentierend auseinander setzen; so ist es zum Beispiel mit Häretikern, die sich für ihren Irrtum auf die Heilige Schrift berufen, möglich, auf der Basis eben dieser Schrift zu disputieren. Hat der Gegner jedoch den Boden der Offenbarung grundsätzlich verlassen, bleibt keine Möglichkeit mehr, diesen mit einem Beweis aus der Heiligen Schrift zu überzeugen. Es bleibt nur noch übrig, die Gründe, die dieser gegen den Glauben vorbringt, selbstbewusst zu entkräften. Dieses Selbstbewusstsein rührt von der festen Überzeugung des Thomas, dass sich der Glaube auf die göttliche Wahrheit, die nicht einmal einen Hauch von Fehlbarkeit kennt, stützt und daher jeder Beweis, der gegen sie vorgebracht wird, a priori nur ein Trugschluss (*ratio sophistica*) oder ein gegenüber der übernatürlichen Wahrheit obsoleter Wahrscheinlichkeitsgrund sein kann (ScG I, c.7).

Sodann kommt es der heiligen Lehre in besonderer Weise zu, die virtuelle Offenbarung mit Hilfe der vom Glauben erleuchteten Vernunft möglichst weit zu explizieren, die aus der Offenbarung empfangenen Prinzipien zur *scientia* auszufalten: Aus den Glaubensartikeln als ihren Prinzipien leitet sie neue Schlussfolgerungen bzw. Lehrsätze (Konklusionen) ab, wie dies bereits Paulus tat, als er aus der Auferstehung Christi die allgemeine Auferstehung aller Menschen bewiesen hat (1 Kor 15,12). Auf seinen Pfaden wandelt die Theologie, wenn sie etwa aus der durch die Heilige Schrift feststehenden Doktrin, die besagt, dass Christus wahrer Gott und wahrer Mensch zugleich ist, die darin implizit enthaltene Lehre, dass er eine menschliche Seele besaß, ableitet. Das heißt, bei diesem Verfahren wird aus einer bereits gesicherten Wahrheit eine bislang unbekannte Wahrheit durch ihre Zurückführung auf die bekannte Wahrheit geklärt. Bei diesem Ziehen von Konklusionen, das im Laufe der Jahrhunderte nach Thomas immer weiter zu einem eigenen differenzierten System der theologischen Schlussfolgerungen ausgebaut wurde[235], wird deutlich, dass die Theologie der menschlichen Vernunft bzw. der Philosophie gerade für diese Aufgabe bedarf: „Da nämlich die Gnade die Natur nicht unterdrückt, sondern im Gegenteil vollendet, so gehört es sich, dass die natürliche Vernunft ganz im Dienst des Glaubens stehe, wie auch die natürlichen Neigungen des Willens der übernatürlichen Liebe gehorchen. So schreibt der Apostel (2 Kor 10,5), er wolle ‚jeden Verstand gefangen nehmen, um ihn Christus gehorsam zu machen'. Deshalb führt die heilige Lehre auch die Autorität der Philosophen an, wo es diesen etwa gelungen ist, durch die natürliche Vernunft die Wahrheit zu erkennen."[236] Hinzu kommt, dass die Philosophie generell der Theologie dabei hilft, die Glaubensartikel durch Konvenienzgründe und Analogien tiefer zu durchdringen (Ia q.1 a.5 ad 2), da die Konklusionen – wie Cajetan in seinem Kommentar zu unserer Quaestion sehr schön ausführt[237] – gerade mittelbar im unmittelbaren Erkennen der Prinzipien sichtbar werden, sodass der Vorwurf, Thomas lege mit seiner ersten Quaestio die Fundamente für eine reine „Konklusionstheologie", hinfällig ist.[238]

Diese wichtige Stellung der Philosophie darf aber deren Einordnung in das Gesamt der Autoritäten der Theologie und damit ihren rein dienenden Charakter nicht verdecken. Ausdrücklich unterstreicht Thomas, dass die Theologie die Autoritäten der Profanwissenschaften, an deren Spitze die Philosophie, näherhin die Metaphysik, steht, nur als system-fremde und nur mit dem Grad der Wahrscheinlichkeit ausgestattete Argumente gebraucht (*extraneis argumentis et probabilibus*). Diese Stellung der Philosophie bringt es mit sich, dass die Theologie, wenn sie eine philosophische Lehre in ihr eigenes System übernimmt, nicht den Wein der Theologie mit dem Wasser der Philosophie verwässert, sondern um-gekehrt wird hier das Wasser in Wein verwandelt, die Philosophie in den übernatürlichen Blutkreislauf ihres Organismus aufgenommen.[239] Dabei wird sie natürlich peinlich darauf achten, dass das, was sie aufnimmt – um im Bild zu bleiben –, ihr Immunsystem nicht schwächt. Das heißt dann, dass sie philosophische Lehren niemals wegen der Autorität ihres Autors oder ihrer „Zeitgemäßheit", sondern nach ihrem Wert für die Be-gründung des Gesagten bzw. die identitätswahrende Explikation der virtuellen Offenbarung auswählt (In Boet. De Trin. q.2 a.3 ad 8). Die eigentlichen Autoritäten der *sacra doctrina* sind die „kanonischen Schrift-steller, aus deren Aussprüchen sich die Lehre der Theologie unumstöß-lich begründet … denn unser Glaube beruht auf der den Aposteln und Propheten zuteil gewordenen Offenbarung"[240]. Der Urquell aller Theo-logie ist also, wie schon bei der Analyse der Quellen der *Summa theolo-giae* dargetan, die Heilige Schrift. Ihr folgen, bereits mit deutlicher Un-terordnung, die „Aussprüche anderer Lehrer der Kirche", die wohl noch typische, der Theologie eigene Beweisquellen darstellen, aber dieser „höchstens dazu dienen, eine Lehre wahrscheinlich zu machen"[241]. Die bereits oben angesprochene Rolle, die Thomas den Vätern zuspricht, fin-det sich nicht noch einmal ausdrücklich in der ersten Quaestion der Summa thematisiert. Dennoch hat kein Geringerer als Domingo Báñez in seinem Kommentar zu unserem Artikel diesen als *articulus foecundis-simus* bezeichnet. Und in der Tat hat besonders die Antwort auf den zweiten Einwand Theologiegeschichte gemacht: Sie wurde zum Funda-ment der Lehre von den *loci theologici*, den Beweisstellen, aus denen der Theologe seine Argumente nimmt. Seit man begann, sich mit der Summe auseinander zu setzen, wurde auch an der Lehre von den *loci theologici* emsig gearbeitet, bis sie sich schließlich mit Melchor Canos Werk *De locis theologicis* im 16. Jahrhundert verselbständigte, womit einer der wichtigsten Schritte in der Entwicklung der Fundamentaltheologie als eigener theologischer Disziplin gemacht war. Cano hat sozusagen nur das, was Thomas hier schreibt, mit Hilfe der aristotelischen Topik und unter Zugrundelegung der Thomas-Kommentare seines Lehrers Franz von Vitoria ausgearbeitet. Aus den drei *loci* bei Thomas sind aber unter Einbeziehung anderer Schriften des Aquinaten – gemäß dem Interpretationskanon *Divus Thomas sui interpres* – nun zehn Berufungsinstanzen geworden: Schrift und Tradition als eigentliche, die Offenbarung enthaltende *loci*; die Autorität der katholischen Kirche, der Konzilien und des Papstes als eigentliche, die Offenbarung erklärende *loci*; die Autorität der Väter und der scholastischen Theologen als eigentliche, aber nur probable und schließlich die menschliche Vernunft, die Autorität der Philosophen und die Profangeschichte als ebenfalls probable, aber systemfremde *loci*.[242]

Die Vorrangstellung, die die gemäß der Lehre der Kirche verstandene Bibel[243] innehat, lässt Thomas seine erste Quaestion mit zwei Artikeln zur Rolle der Heiligen Schrift in der Theologie beschließen. Ausgangspunkt ist dabei wieder die Kompatibilität von aristotelischem Wissenschaftsbegriff und den Anforderungen, die das Proprium der *sacra doctrina* stellt. Nach Aristoteles gibt es – im Unterschied zu dem modernen Wissenschaftsbegriff – Wissenschaft nur auf der Basis eines sicheren Wissens von Dingen, die notwendig sind und daher immer und überall als Ausgangspunkt für ein deduktives Erkennen (*demonstratio*) dienen können.[244] Hierauf baut, wie wir gesehen haben, das Verfahren der spekulativen Theologie. Nun handelt aber die Heilige Schrift von geschichtlichen Einzelereignissen, wie etwa den Taten Abrahams, Isaaks und Jakobs.

Thomas löst das Problem dadurch, dass er diese heilsgeschichtlichen Einzelereignisse als Beispiele für die genannten Prinzipien, als gleichnishafte, bildlich-vielfältige Ausfaltung des einen, ganz einfachen Wissens Gottes erklärt (Ia q.1 a.2 ad 2). Diese Ausfaltung hat ihren Grund nicht darin, dass sich Gott nicht anders mitteilen könnte, sondern sie ist motiviert durch die eigentümliche Struktur der menschlichen Erkenntnis. Diese ist aber dadurch geprägt, dass sie vom Sinnenfälligen zum rein Geistigen geführt wird, da all unsere Erkenntnis ihren Ausgangspunkt bei den Sinnen hat. Dies gilt sowohl für die natürliche wie die übernatürliche Erkenntnis. Daher zitiert Thomas Dionysius Areopagita, der von der Erkenntnis der göttlichen Dinge sagt, dass „der Strahl des göttlichen Lichtes nicht anders leuchten kann als verhüllt unter dem bunten Wechsel heiliger Schleier"[245]. Wie die vielen Farben des Regenbogens das reine weiße Licht dem menschlichen Auge erst sichtbar machen, so stellen diese bunten Schleier die historischen Ereignisse, Bilder und Gleichnisse der Heiligen Schrift dar, die uns die rein geistigen Dinge erkennbar machen. Diese Schleier verbergen oder schwächen also den „Strahl der göttlichen Offenbarung" nicht, vielmehr spornen sie uns an, uns sukzessive von den bunten Schleiern weg und hin zum ganz einfachen Licht, weg von den Bildern hin zu den dahinter stehenden Prinzipien zu bewegen (Ia q.1 a.9 ad 2).

Mit diesem Artikel versöhnt Thomas nicht nur seine Konzeption der *loci theologici* mit der aristotelischen Wissenschaftstheorie, er zeigt zugleich die Stelle, an der die Mystik an die Theologie anknüpfen kann[246]: Ihren Höhepunkt erreicht die Theologie nämlich nicht so sehr im Ziehen immer neuer Konklusionen, sondern im zirkulären Zurückführen (*reductio*) der Bilder, Gleichnisse und theologischen Schlussfolgerungen zu ihrem Ausgangspunkt, zu ihren Prinzipien. Dabei wird sie nicht bei diesen stehen bleiben, sondern bemüht sein, sich dem Strahl des göttlichen Lichtes, von dem Dionysius spricht, immer weiter zu nähern. Vom diskursiven Wandeln im vielfarbigen Licht entfernt sie sich, um sich dem ganz einfachen göttlichen Licht zu nähern. Jenem einfachen göttlichen Licht, das allein durch den einen einzigen Augenblick der unwandelbaren Ewigkeit, der allen aufeinander folgenden Augenblicken der vergehenden Zeit entspricht, gemessen wird. Mit höchster, übermenschlicher Wonne[247] und geleitet durch die Gaben des Heiligen Geistes, denen eine mehr passive als aktive Form theologischen Studiums korreliert,[248] nähert sie sich durch die Beschauung als einem einzigen eingegossenen Akt eindringenden und verkostenden Glaubens der kreisförmigen Beschauung der Engel, die allein Gott einförmig und unaufhörlich schauen, ohne Anfang und Ende, „so wie sich die Kreisbewegung ohne Anfang und Ende einförmig um ein und denselben Mittelpunkt dreht"[249]. Bedenkt man dies genauer, wird man gewahr, wie sehr die zirkuläre Konzeption der Summa über diese hinausweist und das Verstummen des Thomas während der Arbeit an der Tertia bzw. das Unvollendetbleiben der Summa von der Sache selbst her verständlich macht.[250]

Von diesem Zusammen der strikten Einfachheit Gottes und des Vielfachen, mit dem sich die Theologie beschäftigt, ausgehend behandelt Thomas auch die Methodologie der Schrifterklärung im 10. Artikel unserer Quaestion. Da Gott als Urheber der Schrift gilt, der alles in einem einzigen Akt, der sein Sein selbst ist, vollkommen erkennt, hat er es – mit Rücksicht auf die Eigenart der menschlichen Erkenntnis – so gefügt, dass in der Glaubenswissenschaft nicht nur, wie in anderen Wissenschaften, die Worte der Heiligen Schrift ihren bestimmten Sinn haben, sondern auch die durch die Worte bezeichneten Dinge selbst wieder etwas bezeichnen. Die Vielfalt der Schriftsinne, die Thomas in der in dieser Sache vor allem von Origenes, Ambrosius, Augustinus und Hugo von St. Victor geprägten Tradition vorfindet, wird damit in seinem theologischen Entwurf zum Ausdruck der Vollkommenheit des göttlichen Erkennens und der damit gegebenen Unmöglichkeit für den Menschen, die Fülle der Offenbarung jemals auch nur annähernd auszuschöpfen. Selbst der geschichtliche oder Wortsinn (Literalsinn), der bezeichnet, was der Autor mit seinen Worten sagen will, und der als einziger zur Grundlage des theologischen Beweises genommen werden kann; der schließlich alle notwendigen Glaubenswahrheiten enthält, weil Gott selbst es ist, der durch diese Worte zu uns auf menschliche Weise spricht, die Worte zugleich befähigend, den göttlichen Sinngehalt auszudrücken[251] – selbst dieser Literalsinn also kann deshalb nach Thomas, der darin Augustinus folgt, einen mehrfachen Sinn haben. Auf dem Literalsinn gründet der geistige Sinn oder *sensus spiritualis*. Er gliedert sich gemäß der Zeitperspektive der Heilsgeschichte in drei Formen: „Soweit die Geschehnisse des Alten Testamentes die des Neuen vorbilden, haben wir den allegorischen Sinn; soweit sie das, was an Christus selbst oder an seinen Vorbildern geschah, zum Vorbild und Zeichen für unser eigenes Handeln wird, haben wir den moralischen Sinn, soweit es aber das vorbildet, was in der ewigen Herrlichkeit sein wird, haben wir den anagogischen Sinn."[252]

Entsprechend den hier vorgestellten grundlegenden Entscheidungen ist Thomas in der gesamten Summa, wie in seinen meisten Schriftkommentaren auch[253], bestrebt, immer zuerst den Literalsinn der beigezogenen Stellen zu klären, ohne freilich darauf aufbauend die anderen Schriftsinne zu missachten. Doch letztlich ist es auch hier immer der tiefere Sinn des Gesagten, sind es die über dem Vielfältigen der Worte und Bilder liegenden einfachen Grundprinzipien, zu denen Thomas vorzustoßen trachtet, um damit die Theologie dem Erkennen Gottes selbst, der *scientia Dei et beatorum,* möglichst weit anzunähern.

Literatur:

Martin Grabmann, Die theologische Erkenntnis- und Einleitungslehre des hl. Thomas von Aquin, Freiburg/Schweiz 1948.

Réginald Garrigou-Lagrange, De Deo uno. Commentarium in primam partem S. Thomae Aquinatis, Turin–Paris [2]1950, 36–76.

Rosarius Gagnebet, De natura theologiae ejusque methodo secundum sanctum Tomam. Expositio litteralis Sancti Thomae, 3 Bde., Rom 1952.

G. F. van Ackeren, Sacra Doctrina. The Subject of the First Question of the STh of St. Thomas Aquinas, Rom 1952.

V. White, Holy Teaching. The idea of theology according to St. Thomas Aquinas, London 1958.

James A. Weisheipl, The meaning of Sacra Doctrina in Summa Theologiae I, q.1, in: Thomist 38 (1974) 49–80.

T. C. O'Brien, „Sacra doctrina" revisited. The context of medieval education, in: Thomist 41 (1977) 475–509.

J. F. Courtine, Philosophie et Théologie. Remarque sur la situation aristotéli-cienne de la détermination thomiste de la *Theologia*, in: Revue Philosophique de Louvain 84 (1986) 315–344.

John I. Jenkins, Knowledge and Faith in Thomas Aquinas, Cambridge 1997.

Christoph Berchtold, Manifestatio veritatis. Zum Offenbarungsbegriff bei Thomas von Aquin, Münster 2000.

M. Ofilada Mina, The Role of the Teacher as a condescending Mediator as Viewed from Aquinas's notion of *Sacra Doctrina* and its Bearing on the Nature of the Theological Enterprise, in: Ang 77 (2000) 373–396.

Otto H. Pesch, Saint Thomas d'Aquin: Une théologie scientifique et confessante, in: François Bousquet u. a. (Hrsg.), La responsabilité des théologiens. Mélanges offerts à Joseph Doré, Paris 2002, 633–645.

X. Die großen Themen der Summa theologiae

In den folgenden drei Abschnitten geht es nicht darum, eine vollständige Zusammenfassung der gesamten Summa, sozusagen eine Summa der Summa zu bieten.[254] Vielmehr soll die in V 3 gegebene Grundeinteilung der Summa nach Traktaten hier inhaltlich so weit gefüllt werden, dass der Zusammenklang der einzelnen Traktate und damit die Denkbewegung der Summa über den Aufriss ihrer zentralen Inhalte deutlich wird. Zugleich möchten die freilich häufig sehr kurz gehaltenen inhaltlichen Hinweise den Leser anregen, spätestens hier zum Primärtext selbst zu greifen und die eine oder andere Stelle aus dem kennen gelernten Zusammenhang heraus zu lesen.

Auf ein Literaturverzeichnis am Ende dieses Kapitels wurde bewusst verzichtet, da es aufgrund der Fülle der angesprochenen Themen zu umfangreich geworden wäre. Verwiesen sei aber auf die im nächsten Kapitel angegebenen neueren Kommentare zur *Summa theologiae*, die ihrerseits wieder Spezialliteratur verzeichnen, sowie auf die kommentierte Bibliographie der Sekundärliteratur zu Thomas des Internationalen thomistischen Jahrbuchs „Doctor Angelicus" (Köln 2001 ff.).

1. Gottes- und Schöpfungslehre

Nach dem bisher zur in der Summa sichtbar werdenden Denkform des Aquinaten Ausgeführten wird es kaum mehr verwundern, dass Thomas in der Prima nach der ersten, einleitenden Quaestion nicht von den menschlichen Erfahrungen oder den allgemeinen philosophischen Grundlagen der Theologie ausgeht, sondern von Gott. Ganz konsequent handelt die *Prima* dabei zunächst von Gott, wie er in sich als einer und zugleich dreifaltiger ist (*Deus in essendo*), um dann zu Gott, wie er die Ursache allen außergöttlichen, geschaffenen Seins ist (*Deus in causando*), voranzuschreiten: Dadurch lässt sich die Prima in drei große Abschnitte gliedern, die jedoch aufs Engste zusammenhängen: die Lehre vom Wesen Gottes (qq.2–26), die Trinitätslehre (qq.27–43) und die Behandlung des Hervorgangs der Geschöpfe aus Gott bzw. die Schöpfungslehre (qq.44–119).

Zunächst fragt Thomas (q.2) in einem der bekanntesten Texte des Mittelalters überhaupt, ob Gott überhaupt existiert, und entwickelt in diesem Zusammenhang seine bekannten fünf Wege zu Gott (*quinque viae*), häufig auch Gottesbeweise genannt. Von den geschaffenen Dingen, deren Erkenntnis allen Menschen möglich ist, steigt das Denken des Thomas auf zu deren erster Ursache, „die alle Gott nennen": von der Bewegung in der Welt zum ersten unbewegten Beweger (Bewegungsbeweis), von der Ordnung der Wirkursachen in der Welt zur ersten unverursachten, durch sich selbst seienden Ursache (kosmologischer Beweis), von der uns im Geschöpflichen begegnenden Durchmischung von Möglichkeit und Notwendigem zum ersten aus sich Notwendigen (Kontingenzbeweis), von den verschiedenen Seinsstufen in den kreatürlichen Dingen zur Quelle aller Seinsvollkommenheiten (Beweis aus den Vollkommenheitsgraden) und von der zweckmäßig-zielgerichteten Ordnung zu deren Ordner (teleologischer Beweis).

Allen fünf Wegen liegt ein zentraler Gedanke zugrunde: So verschieden alle nichtgöttlichen Dinge sind, sie haben alle ein Gemeinsames: das, was wir „Sein" nennen. Nun wissen wir aber, dass zum Sein dieser uns begegnenden Dinge auch das Möglichsein gehört. Das heißt, die jeweiligen Einzelursachen dieser Dinge sind nur dafür verantwortlich, dass ein Ding so oder anders ist, ein bestimmtes Wesen hat. Alle Dinge, die auch nicht sein könnten, sind also zusammengesetzt aus Wirklichkeit (Akt) und Möglichkeit (Potenz), aus Sein (Dasein) und Wesen (Sosein). Um nun das allen gemeinsame Sein zu begründen, muss es einen einheitlichen, vom mit dem konkreten Wesen verbundenen Sein verschiedenen Grund des Seins geben, von dem alles, was ist, sein Sein empfängt. Vom Kontingenten, Verursachten, Vielfältigen und Bewegten, von der endlichen Wirklichkeit, deren gesamte Beschaffenheit fundamental von der Dualität von Möglichkeit und Wirklichkeit bzw. Sein und Wesenheit geprägt ist, steigt das Denken hier auf zur Ursache all dieser kontingenten einzelnen Dinge. Um diese erste Ursache sein zu können, muss aber gerade das, was als das tiefste Spezifikum dieser Dinge festgehalten wurde (Dualität von Akt und Potenz, Sein und Wesenheit), in einem Weg der Negation (*via negationis*) von Gott verneint werden. In seiner Einleitung zur 3. Quaestion der Prima, die nach den Gottesbeweisen damit beginnt, das Wesen Gottes zu ergründen, schreibt Thomas: „Bei Gott können wir nicht wissen, was er ist, sondern nur, wie er nicht ist."[255] Auch wenn sich Thomas hier in die Tradition der negativen Theologie stellt, diese Verneinung führt doch – wie Silvester Ferrariensis, anhand der *Summa contra*

Gentiles gut gezeigt hat[256] – automatisch auch zu Rückschlüssen darauf, wie Gott ist. Wenn es in Gott keinerlei Zusammensetzung von Möglichkeit und Wirklichkeit gibt, ist er reinste, allererste, von jedem Hauch der Potentialität freie, absolut ursprungslose, völlig unbeschränkte, lautere Wirklichkeit (*actus purus*). Es steht fest, „dass es ein erstes Sein gibt, das wir Gott nennen: Dieses erste Sein muss reine Wirklichkeit [*actus purus*] ohne den Schatten irgendwelcher Potentialität sein. Weil die Potenz schlechthin später ist als der Akt." [257] Die Wesenheit Gottes ist also sein Sein, die unendliche Fülle göttlichen Seins in strikter Einfachheit. Er ist das für-sich-seiende (subsistierende) Sein selbst (*ipsum Esse subsistens*). Der Text des vierten Artikels der dritten Quaestio bildet sicher einen der wichtigsten Texte der Prima. Der *corpus articuli* sei deshalb hier ganz wiedergegeben:

„Gott ist nicht nur sein Wesen, er ist auch sein Sein. Dafür mehrere Gründe. Erstens: Alles das, was sich in einem Ding außer seiner nackten Wesenheit sonst noch findet, muss sich entweder herleiten lassen aus den Wesensgründen wie alle art-notwendigen Eigenschaften – z.B. das Lachen-Können, das dem Menschen eigentümlich ist und aus den Wesensgründen dieser bestimmten Seinsart ‚Mensch' notwendig folgt –; oder es muss sich herleiten lassen aus einer äußeren Ursache, wie z.B. die Wärme des Wassers verursacht wird vom Feuer. So auch mit dem Sein. Ist es verschieden vom Wesen, so muss es sich herleiten lassen entweder aus einer äußeren Ursache oder aber aus den Wesensgründen des Dinges selbst. Es ist aber unmöglich, dass sich das Sein eines Dinges rein aus seinen Wesensgründen ableiten lasse, denn kein Ding, dem ein solches abgeleitetes Sein eigen ist, ist sich selbst so weit genug, dass es Ursache seines eigenen Seins sein könnte. Sobald also bei einem Ding das Sein vom Wesen verschieden ist, ist das ein Zeichen dafür, dass wir es mit einem von anderswoher abgeleiteten Sein zu tun haben. Das dürfen wir aber von Gott nicht sagen, der nach unserer [früheren] Feststellung die erste aller Wirkursachen ist. Es ist also unmöglich, dass Gottes Sein etwas anderes ist als sein Wesen. Zweitens: Das Sein ist die Verwirklichung jeder Form oder Natur; denn wir sprechen von Gutsein oder von Menschennatur als wirklichen nur, sofern sie irgendwie Sein haben. Wo also das Sein vom Wesen verschieden ist, muss es sich zu diesem verhalten wie der bestimmungsmächtige Akt zur bestimmungsbedürftigen Potenz. Wir haben aber oben (Art. 1) gezeigt, dass sich in Gott kein Schatten einer solchen bestimmungsbedürftigen Potenz findet. Also kann in ihm die Wesenheit nichts anderes sein als sein Sein. Sein Wesen ist also sein Sein. Drittens: Wie das, was glüht und doch nicht selbst Feuer ist, seine Glut von einem anderen haben muss durch Teilhabe, so kann auch das, was Sein hat und doch das Sein nicht selbst ist, dieses Sein nur durch Teilhabe besitzen. Gott aber ist seine Wesenheit. Wäre er also nicht auch zugleich sein Dasein, so würde er sein durch Teilhabe und nicht durch sein Wesen. Er wäre also nicht das erste Sein – eine absurde Behauptung. Gott ist also auch sein Sein und nicht nur sein Wesen."[258]

Mit dieser Wesensbezeichnung Gottes als *ipsum Esse subsistens* ist in der Prima der Zentralpunkt aller weiteren Überlegungen gefunden. Dieser Begriff von Gott prägt als Leitmotiv die ganze weitere Gottes- und Schöpfungslehre. Er ist die Wurzel aller weiteren Überlegungen. Aus ihm leitet Thomas etwa zunächst in den Quaestionen 3 bis 11 stringent die göttlichen Eigenschaften ab. Zunächst fünf entitative Attribute: seine Einfachheit, die jede für die Kreatur so typische Zusammengesetztheit ausschließt, seine Vollkommenheit, seine Unendlichkeit, Unveränderlichkeit und Einheit. Aus diesen Grundattributen ergeben sich drei hinzutretende (akzessorische) Attribute: aus der Vollkommenheit die Gutheit, aus der Unendlichkeit die Unermesslichkeit, aus der Unveränderlichkeit die Ewigkeit.

Nachdem Thomas Gott so als absolut über seine Schöpfung erhabenes Wesen gezeichnet hat, erhebt sich natürlich die Frage, wie Gott von uns erkannt und in theologisch richtiger Weise benannt wird (qq.12–13). Gleich im ersten Artikel der 12. Frage finden wir einen wichtigen Text, in dem Thomas auf das natürliche Verlangen des Menschen, Gott zu erkennen (*desiderium naturale*), eingeht, und über dessen Bedeutung sowohl in der thomistischen Tradition wie in der neueren Theologie heftig diskutiert wurde bzw. nach wie vor wird.[259] Dabei schlägt Thomas hier u. a. durch die klare Unterscheidung zwischen natürlicher und übernatürlicher Erkenntnis einen Mittelweg zwischen naivem Erkenntnisoptimismus auf der einen und zur Resignation führendem Agnostizismus auf der anderen Seite ein, der in der Darlegung der Analogielehre (q.13 a.5) seinen Höhepunkt erreicht.

Daran schließen sich – gemäß dem scholastischen Axiom, dass die Tätigkeit dem Sein folgt (*agere sequitur esse*) – die Abhandlungen zu den Tätigkeiten Gottes an, gegliedert in die immanenten und die transeunten Tätigkeiten. Zunächst wird entsprechend dem thomanischen Intellektualismus das behandelt, was zum göttlichen Erkennen gehört (qq.14–18): das Wissen Gottes selbst als Ursache aller Dinge (dessen innere Natur, sein Objekt, seine Art und Weise), die göttlichen Ideen und die daraus hervorgehende Lehre von der Wahrheit, die in der Konformität mit den göttlichen Ideen besteht. Die Quaestio 18, die das Leben Gottes zum Gegenstand hat, leitet über zur Betrachtung des Willens Gottes (qq.19–24): Zuerst wird wieder der göttliche Wille in sich, darauf das, was diesem in absoluter Weise zukommt (Liebe, Gerechtigkeit, Barmherzigkeit), dann, was diesem in relativer Weise, d.h. zusammen mit dem göttlichen Intellekt erfließt (Vorsehung, Prädestination, Reprobation), behandelt. Hier finden sich wichtige Texte, die im Gnadenstreit der nachtridentinischen Theologie bzw. der damit zusammenhängenden Lehre vom Medium der göttlichen Voraussicht der freien geschöpflichen Handlungen bis ins 20. Jahrhundert von großer Bedeutung waren. Mit der Darstellung der Lehre von der göttlichen Allmacht (q.25) geht Thomas zu dem transeunten Handeln Gottes über, da diese ja in den Geschöpfen in Erscheinung tritt. Abgeschlossen wird der Traktat über Gott, den einen, mit der Lehre von der Seligkeit Gottes (q.26).

Nachdem Thomas in 26 Quaestionen über den einen Gott gehandelt hat, kommt er in einem eigenen Traktat (qq.27–43) auf Gott, den Einen in drei Personen, zu sprechen. Man hat Thomas in bestimmten Teilen der jüngeren Theologie deshalb zum Vorwurf gemacht, er habe mit seiner klaren Trennung der beiden Traktate den organischen Zusammenhang zwischen der philosophischen und der dogmatischen Gotteslehre zerrissen und so der Vernunftreligion der Aufklärung unfreiwillig den Weg bereitet.[260] Nach ausführlichen Forschungen zu dieser Frage wissen wir aber heute, dass Thomas in der Aufteilung der beiden Traktate nicht originell ist, sondern sich einfach einer in der Theologie seiner Zeit gebräuchlichen, in der Frühscholastik entstandenen Methode bedient; und zudem die Trennung, wie Otto H. Pesch treffend feststellt, lediglich didaktische Gründe hat.[261] Und in der Tat liegen zwischen den beiden Abhandlungen zahlreiche Verbindungslinien. Am vielleicht prägnantesten und daher eindrucksvollsten bei der Behandlung der Einheit Gottes, wo Thomas den hl. Bernhard von Clairvaux zitiert: „Unter allen Dingen, die eins genannt werden, ist die Einheit der Dreifaltigkeit das höchste."[262]

Die wichtigste Verbindungslinie zwischen den beiden Traktaten jedoch ist die Tatsache, dass Thomas, im Unterschied zu den anderen bedeutenden Theologen des Mittelalters, die Wirklichkeit des dreifaltigen Gottes nicht vom Begriff des Guten, sondern von seinem Seinsbegriff her deutet. Das höchste Wesen, zu dem die Vernunft auf den fünf Wegen emporgestiegen ist, das sie als das *ipsum Esse subsistens* erkannt hat, ist kein anderes als jener, der sich im neuen Bund als der eine Gott in drei Perso-

nen geoffenbart hat. Aus der Lehre von Gott als *ipsum Esse subsistens*
folgt schlüssig, dass Gott sein Verstehen selbst ist und er sich vollkommen selbst erkennt. Wie aber Gott sich selbst umfassend erkennt, so liebt
er sich selbst vollkommen. Thomas folgt der wie oben beschrieben in seinem Sinne transformierten psychologischen Trinitätslehre Augustins,
wenn er diesen Gedanken mit der Trinitätslehre der Offenbarung zu-
sammenbringt. Aus vollkommener Erkenntnis und perfektem Wollen
folgen zwei dem Ursprungsprinzip ganz innere Hervorgänge (*processio-
nes*), des Wortes (Logos), von Ewigkeit her gesprochen, als geistiger Ausdruck des vollkommenen göttlichen Erkennens, und der Liebe (Ia q.27
a.1–5).

Auf dieser Einsicht gründet die Quaestion 28, die zugleich das Herzstück des Trinitätstraktates der Summa darstellt, da sie die Lehre von
den Relationen des Ursprungs entfaltet und so die Grundlage für das
den ganzen Traktat prägende Leitmotiv bildet: In Gott ist alles eins, wo
nicht ein Gegensatz der Beziehung (Relation) entgegensteht. Die Hervorgänge des Erkennens und Liebens lassen aber zwischen dem Ur-
sprungsgrund und den Hervorgängen reale, d. h. nicht nur logisch-ge-
dachte, innergöttliche Beziehungen (Relationen) bestehen. Obgleich das
Sein dieser Beziehungen, da Gott ganz eins ist, mit dem der göttlichen
Wesenheit vollkommen identisch sein muss, sind die Relationen real
voneinander unterschieden (Ia q.28 a.3). Entfaltet werden die in q.28
und 29 gelegten Fundamente in der Lehre von den göttlichen Personen
(qq.33–43): ihrem Verhältnis untereinander und zum einen göttlichen
Wesen. Im Anschluss an Boethius erarbeitet Thomas zunächst den metaphysischen Personbegriff und adaptiert ihn der Trinitätslehre, wie sie die
Offenbarung vorgibt (q.29), um dann die Mehrheit der Personen unter
Einbezug eines reichen biblischen Materials zu erklären (q.30) und die
Folgerungen aus dieser Mehrheit, mit besonderer Rücksicht auf den theologischen Sprachgebrauch (q.31), zu ziehen. In einer spekulativ sehr
tiefen und auch fundamentaltheologisch bedeutungsvollen Quaestion
(q.32) schließlich wird das Verhältnis von menschlicher Vernunft und Trinität analysiert. Von besonderer Bedeutung ist auch die den Trinitätstraktat abschließende Quaestion 43, die von der „immanenten" zur
„ökonomischen" Trinitätslehre fortschreitet, indem sie die Einwohnung
des dreifaltigen Gottes im begnadeten Menschen behandelt. In diesem
Zusammenhang spricht Thomas auch davon, dass die mit dieser Einwohnung verbundene heilig machende Gnade den Menschen fähig macht,
den bei ihm wohnenden Gott zu erkennen und zu lieben und sozusagen

erfahrungsgemäß (*cognito quasi-experimentalis*) seine Gegenwart zu erleben (q.43 a.3). Dies war nicht zuletzt der Grund dafür, dass die hier
entwickelte Lehre, wie schon zu Beginn des vergangenen Jahrhunderts
der große französische Thomist Réginald Garrigou-Lagrange aufgezeigt
hat, auch zum Wurzelboden für die schönen Blüten und Früchte, die die
Mystik, besonders des Dominikaner- und Karmeliterordens, in denen die
thomistische Trinitätslehre schnell zur allgemein vertretenen Doktrin
wurde, hervorgebracht hat.[263]

Die sich an die Trinitätslehre anschließende Schöpfungslehre des Thomas gliedert sich in drei große Teile: Die Quaestionen 44 bis 46 behandeln die Hervorbringung der Geschöpfe, daran anschließend eine sehr
umfangreiche Abhandlung über die Unterscheidung der geschöpflichen
Bereiche (qq.47–102) und die letzten Quaestionen der Prima (qq.103–
119) handeln von der göttlichen Erhaltung und Lenkung der Schöpfung.
Auch über der gesamten Schöpfungslehre des Thomas steht als alles be-
stimmendes Leitmotiv der Gedanke von Gott als *ipsum Esse subsistens*
und daher als die universal wirksame Ursache aller Ursachen. Aus dieser
Wesensbestimmung Gottes ergibt sich, dass die Schöpfung verstanden
wird als „Ausgang alles Seienden aus der umfassenden Ursache" (Ia q.45
a.1). Dieser Ausgang bestimmt die gesamte Unterscheidung und Ordnung der Schöpfungsbereiche, bei deren Darstellung besonders die
Lehre von den Engeln als reingeistigen Wesen (q.50–64) zum Fundament der kirchlichen Angelologie wurde. Auch wenn man es hier vielleicht nicht vermuten würde, entwickelt Thomas, dem die Kirche später
den Ehrentitel „Doctor Angelicus" – engelgleicher Lehrer – verlieh, im
Traktat über die Engel zudem ungewöhnlich anschaulich sehr zentrale
philosophische Vorstellungen, die ihn deutlich sowohl von Aristoteles
und dem Denken der Kirchenväter über die Engel wie von seinen Zeitgenossen, zumal von Duns Scotus, abheben: Die Engel sind reine Formen, frei von jeder Materie. Da die Materie nach dem Aquinaten aber
das Prinzip der Individuation ist, sind diese keine Individuen, sondern
jeder Engel bildet eine eigene Spezies. Um sie trotz ihrer reinen Immaterialität, die ihre Unsterblichkeit begründet, von Gott deutlich zu unterscheiden, betont Thomas auch hier wieder, dass auch die rein geistigen,
geschaffenen Wesen ganz von der Realdistinktion von Sein bzw. Akt
(Seinswirklichkeit) und Wesenheit bzw. Potenz (Seinsmöglichkeit) geprägt sind, während Gott als *ipsum Esse subsistens* sein Sein selbst ist.[264]

Die sehr ausführlich gehaltene Anthropologie (qq.75–102) der Summa, in der die viel diskutierte Lehre von der Seele als einziger Wesens-

form im Menschen und damit die Leib-Seele-Einheit scharf herausgear-beitet wird (qq.75–76), ist heute nach wie vor von größter Aktualität.[265] Von pädagogischem Interesse ist besonders die q.117, die eine kleine thomistische Psychologie des Lernens und Lehrens bietet.

2. Das letzte Ziel des Menschen und wie er es erreichen kann

Wie bereits gezeigt, handelt die gesamte Secunda von Gott als Endziel des Menschen als Abbild Gottes bzw. der Tätigkeit, durch welche dieser mit Gott als seinem Urbild vereinigt wird. Dabei wurde die Secunda von den Schülern des Thomas aufgrund des Stoffumfangs sinnvoll zweige-teilt: Die Prima Secundae behandelt die sittlichen Akte des Menschen im Allgemeinen (Prinzipienlehre), die Secunda Secundae im Besonderen. So bildet die gesamte Secunda die in die Architektur der Summe voll in-tegrierte „Moraltheologie" des Gesamtwerks.

Auch hier ist es wieder der thomistische Objektivismus, der dazu führt, dass Thomas zunächst über das Endziel selber spricht: wie es das höchste aller Ziele ist und alle Handlungen des Menschen zweckursächlich be-einflusst (Ia–IIae q.1). Und warum es ein das natürliche Verlangen des Menschen ganz erfüllendes, die Glückseligkeit voll gewährendes Endziel darstellt (qq.2–5). Auf der Basis einer Synthese von biblischen und aris-totelischen Grundgedanken, zudem gespeist von augustinischen und neuplatonischen Elementen, wird hier die bereits angesprochene Lehre vom *desiderium naturale* erneut aufgenommen (q.3 a.8) sowie die un-mittelbare Gottesschau in der *visio beatifica* als Formalkonstitutiv der Glückseligkeit fixiert.[266]

Mit q.6 beginnt die Betrachtung der sittlichen Akte als solchen (bis q.48): zunächst die dem Menschen als Leib-Seele-Wesen eigentümlichen Handlungen; d.h. jene, die vom freien geistigen Willen als dem spezifisch menschlichen Strebevermögen ausgehen (qq.6–21): Untersuchung des menschlichen Wollens im Allgemeinen (q.6 und 7), dann (qq.8–17) der Handlungen, die unmittelbar aus dem Willen entspringen (*actus eliciti*), und der mittelbaren, die auf Befehl des Willens von anderen Potenzen initiiert werden (*actus imperati a voluntate*). Daran schließt sich die Er-örterung darüber an, wann eine Handlung moralisch gut, wann schlecht genannt werden kann und in welchem inneren Verhältnis dieser sittliche Charakter zu Verdienst und Schuld resp. Lohn und Strafe steht (qq.18–21). In diesem Zusammenhang findet sich die Ablehnung der Idee eines sittlich indifferenten Aktes (q.18 a.4) sowie in q.19 aa.5–6 die viel diskutierte Lehre vom irrenden Gewissen, die den Menschen verpflichtet, selbst dem schuldlos und unüberwindlich irrigen Gewissen zu folgen. Daran schließt sich die Analyse jener Handlungen an, die der Mensch mit den Tieren gemeinsam hat, die beim Menschen freilich der Vernunft und dem freien Willen unterstellt sind: Gefühl und Leidenschaften (qq.22–48). Die Sekundärliteratur ist sich bezüglich dieses Traktats *De passionibus* einig, dass er in der Scholastik nicht seinesgleichen hat, sich in ihm der souveräne Umgang des Thomas mit seinen Quellen, gepaart mit einem erstaunlichen psychologischen Feinsinn, verbindet.[267] Nach der Analyse des Wesens der menschlichen Handlungen werden deren Prinzipien in den Blick genommen. Zunächst die inneren Prinzipien (qq.49–89). Hier ist es besonders die Lehre vom *habitus*, der dauerhaften und schwer zu beseitigenden wesenhaften, auf eine Tätigkeit zielende Anlage, die Theologiegeschichte gemacht hat: Thomas handelt vom Begriff, psychischen Träger, dem Entstehen, Wachsen und der Zerstörung des *habitus* sowie dessen sinnvolle Einteilung in sittlich gute und sittlich schlechte *habitus*: Tugenden (qq.55–70) und Sünden (qq.71–89). Die Tugendlehre behandelt das Wesen der Tugend (q.55) und deren Träger (q.56). Sie nimmt eine begründete Einteilung der Tugenden in intellektuelle bzw. dianoetische (q.57) und moralische Tugenden (q.58) sowie von Kardinaltugenden und göttlichen Tugenden (qq.61–62) vor. Auch die Ursachen der Tugenden (q.63), deren Verknüpfung (q.65), Gleichheit (q.66) und Fortdauer im zukünftigen Leben (q.66) werden diskutiert. Abgeschlossen wird der Tugendtraktat mit drei Quaestionen über die Gaben und Früchte des Heiligen Geistes sowie die Seligpreisungen der Bergpredigt (qq.67–69). Hier erhält die Tugendlehre des Thomas sozusagen ihre übernatürlich-mystische Krönung, die zeigt, wie weit dieser Teil der Summa davon entfernt ist, einfach eine christlich verbrämte philosophische Ethik zu entwickeln.[268]

Analog zum Aufbau der Tugendlehre gestaltet Thomas die Darstellung der schlechten *habitus* bzw. die Lehre von der Sünde: Natur, Einteilung, Träger und Ursachen der Sünde werden in logisch klar strukturierter Abfolge analysiert (qq.71–89). Bereits bei der Wesensbestimmung der Sünde als Abkehr von Gott, als dem letzten Ziel und seinem Gesetz sowie der Hinwendung zu einem geschöpflichen Ersatzziel (q.71 a.6), zeigt sich erneut der theozentrische Charakter der Theologie des Thomas.

Nahm die *Prima Secundae* bis zur q.89 nur die inneren Prinzipien der menschlichen Handlungen in den Blick, wird ab q.90 Gott, insofern er als äußeres Prinzip zum Guten bewegt, betrachtet, und zwar indem er den Menschen durch sein Gesetz unterweist und ihm mit der Gnade das Mittel schenkt, durch das er erst in den Stand gesetzt wird, dieses Gesetz auch zu befolgen. So zerfällt dieser Teil in die Lehre vom Gesetz (qq.90–108) und die Gnadenlehre (qq.109–114), die die mehr der Mystik zuzurechnende Lehre von den Gaben des Heiligen Geistes nun auch dogmatisch einholt. Der Gesetzestraktat geht in der gewohnten Weise vor: Zunächst wählt der Aquinate einen allgemeinen Gesichtspunkt und erklärt von daher das Wesen (q.90), die Einteilung (q.91) und die Wirkungen des Gesetzes (q.92), um dann speziell das ewige Gesetz (q.93), das Naturgesetz (q.94), das menschliche Gesetz (qq.95–97) und schließlich das göttliche Gesetz des Alten (qq.98–105) und das des Neuen Bundes (qq.106–108) zu beleuchten. In der Erklärung des alttestamentlichen Sittengesetzes hebt Thomas dessen Kraftlosigkeit hervor, die aber (in negativem Sinne) – ebenso wie die Zeichen der alttestamentlichen Zeremonialgesetze – auf Christus als den kommenden Mittler hinweist und so bereits den Gerechten des Alten Bundes einen impliziten Glauben an Christus ermöglicht (qq.98–100). Die Lehre vom Gesetz des Neuen Bundes leitet zur Gnadenlehre über, da dieses mit der „Gnade des Heiligen Geistes, die den Christgläubigen gegeben wird"[269], letztlich identisch ist. Die Gnadenlehre beginnt mit der Frage nach der Notwendigkeit der Gnade, die sowohl in ihrem Gegenüber zur (abstrakt gedachten) Natur aufgrund des gesetzten übernatürlichen Zieles des Menschen (q.109 a.3) wie auch aufgrund ihrer Heilkraft im Hinblick auf die gefallene (d.h. konkrete) Natur (q.109 a.1–2) erklärt wird. Die nächsten zwei Quaestionen behandeln das Wesen sowie die Einteilung der Gnade. Über die Ursache und die Wirkungen der Gnade, besonders die Rechtfertigung des Sünders, handeln die Quaestionen 112 und 113. Beide Quaestionen hatten großen Einfluss auf das 1547 vom Konzil von Trient erlassene Rechtfertigungsdekret (DH 1520–1583), besonders auf dessen Darstellung der Ursachen der Rechtfertigung. Mit einer Abhandlung über das Verdienst (q.114), bei dem sich die von Gott geschenkte Gnade und der freie Wille des Menschen in der Befolgung der Vorschriften des Gesetzes des neuen Bundes auf wundersame Weise vereinen, schließ die *Prima Secundae*: Die „Gnade hat Gesetzesbewandtnis, und das Gesetz ist Gnade geworden"[270].

Die Secunda Secundae zeigt, wie das, was im ersten Teil der Secunda unter allgemeinem Aspekt betrachtet wurde, im Speziell-Konkreten seine Verwirklichung findet. Dabei begegnet dem Theologen aufgrund der Vielfalt, die das konkrete menschliche Leben ausmacht, eine Fülle und Mannigfaltigkeit des Materials, das – gemäß dem im Prolog zum Gesamtwerk ausgesprochenen Vorhaben der Summa – in eine klare, durchsichtige Ordnung gebracht werden muss. Erstes Ordnungsraster ist Thomas dabei nicht die bis dahin weit verbreitete Einteilung des Stoffs gemäß den Zehn Geboten oder den sieben Hauptsünden, sondern die Unterscheidung von moralischen Handlungen, die bei allen Menschen vorkommen können (IIa–IIae qq.1–170), und solchen, die nur mit Rücksicht auf einen besonderen Stand bzw. eine besondere Lebensart zu betrachten sind (IIa–IIae qq.171–189).

Der erste Punkt nimmt erwartungsgemäß den größten Raum ein. Auch in ihm wird der Stoff in einer klaren Ordnung präsentiert, die der Prolog der Secunda Secundae sehr gut beschreibt: „Wollten wir die Tugenden, die Gaben, die Gebote und die Laster einzeln für sich untersuchen, so müssten wir dasselbe so und so oft sagen. Denn wer das Gebot: ‚Du sollst nicht ehebrechen‘ erschöpfend behandeln will, muss den Ehebruch untersuchen, der eine Sünde ist; diese kann ihrerseits wieder nicht erkannt werden ohne die Kenntnis der entgegengesetzten Tugend. Es wird also ein kürzerer und leichterer Weg der Betrachtung sein, wenn sie in derselben Abhandlung zugleich handelt von der Tugend, der ihr entsprechenden Gabe, den entgegenstehenden Lastern sowie den Geboten und Verboten … Nachdem wir so den ganzen Bereich des Sittlichen auf die Betrachtung der Tugenden zurückgeführt haben, müssen wir noch eine weitere Einschränkung vornehmen und noch die Tugenden alle auf sieben zurückführen. Drei davon, über die zunächst zu handeln ist, sind die göttlichen Tugenden, die vier anderen, von denen später zu sprechen sein wird, sind die Kardinaltugenden … Bei der Behandlung einer Kardinaltugend werden auch alle jene Tugenden zur Darstellung kommen, die mit ihr irgendwie zusammenhängen, wie auch die entgegenstehenden Laster. Auf diese Weise wird nichts übergangen, was zur Sittenlehre gehört."[271]

Strikt hält sich Thomas im Folgenden an dieses klar durchdachte Schema: Zuerst werden die göttlichen Tugenden als fruchtbare Ausfaltung des Geschenks der Gnade behandelt: der Glaube, die ihm entsprechenden Gaben des Heiligen Geistes (Verstand und Wissenschaft) sowie die ihm entgegengesetzten Sünden (Unglaube, Häresie, Apostasie usw.) und Seelenzustände (religiöse Unwissenheit, geistige Blindheit usw.) und die mit dem Glauben verbundenen Gebote (qq.1–6). Im 10. Artikel der ersten Quaestion behandelt Thomas die Frage, ob es dem Papst zusteht, eine Bekenntnisform (*symbolum fidei*) aufzustellen. Aus diesem ungeheuer dichten Artikel entwickelte sich im Laufe der ersten Jahre der Summenkommentierung im 16. Jahrhundert, ausgehend von Francisco von Vitoria und im Spannungsfeld von Papalismus und Konziliarismus ein eigener Traktat „De Romano Pontifice", der mit Melchor Cano zum Herzstück einer streng papal konzipierten Ekklesiologie wurde.[272]

Strukturell analog aufgebaut sind die Abhandlungen über die göttlichen Tugenden der Hoffnung (qq.17–22) und der Liebe (qq.23–46). Den Traktat über die göttliche Tugend der Liebe (*caritas*) nennt Grabmann den „schönsten Traktat der Secunda Secundae, aus dem uns das heilige Seelenleben des Aquinaten warm entgegentritt"[273].

Die göttliche Tugend der Caritas als „Form", Mutter und Wurzel aller anderen Tugenden, die deren Akte alle auf ihr letztes Ziel ausrichtet, findet ihren vollendetsten Ausdruck in „einer Art Freundschaft des Menschen mit Gott", die in einem „gegenseitigen Sichliebhaben" besteht (q.23 a.1). Dieses Sichliebhaben wiederum findet seine Entfaltung in den Kardinaltugenden (Klugheit: qq.47–56; Gerechtigkeit: qq.57–122; Starkmut: qq.123–140; Maßhaltung: qq.141–170) und den mit diesen in untergeordneter Weise zusammenhängenden Teiltugenden (z. B.: Gottesverehrung: qq.81–102; Freundschaft und Freigebigkeit: qq.114–120; Demut: q.161). Unter dem Einfluss der Tugendlehre der Nikomachischen Ethik verästelt sich hier die Darstellung weit ausgedehnter als dies bei den göttlichen Tugenden der Fall war. Für Ordnung sorgt dabei ganz wesentlich die an Aristoteles angelehnte, genaue Bestimmung des Verhältnisses, in dem die jeweilige Teiltugend zur ihr übergeordneten Kardinaltugend steht: Ist sie jeweils dieser gegenüber als *pars integralis*, als integrierender wesentlicher Bestandteil, ohne die der Akt der Kardinaltugend nicht zustande kommen kann, als *pars subiectiva*, also eine Unterart der Kardinaltugend, oder als deren *pars potentialis*, als eine mit ihr verwandte Tugend (cf. q.48 a.1), einzuordnen? Der große Einfluss der aristotelischen Tugendlehre auf diesen Traktat und die didaktisch motivierte Separation von der Darstellung der göttlichen Tugenden darf ihren Ursprung in der Gottesfreundschaft genauso wenig übersehen lassen wie die Tatsache, dass für Thomas auch diese Tugenden „eingegossene" und daher übernatürliche Tugenden darstellen.

Die Lehre von den Tugenden für besondere Stände und Lebensformen im zweiten Teil der Secunda Secundae zerfällt in drei Abteilungen, die von der dreifachen Verschiedenheit der anzusprechenden Stände herrührt (q.171 prol.): der Lebensstand der Menschen, die mit besonderen Gnadengaben bzw. Charismen (*gratiae gratis datae*) ausgestattet sind (qq.171–178). Sodann (qq.179–182) der Standesunterschied, der sich durch die Lebensformen des aktiven und des beschaulichen Lebens ergibt (über *vita activa* und *contemplativa*). An dritter Stelle stehen die „Stände der Vollkommenheit", besonders – aufgrund des Engagements des Aquinaten im Mendikantenstreit, der zu diesem Zeitpunkt unter der Führung des Gérard d'Abbeville (†1272) eben seinen Höhepunkt erreicht, gut verständlich – der Ordensstand (qq.183–189).

3. Der Erlöser und die Sakramente der Kirche

Thomas selbst ordnet im Prolog zur Tertia diese in seinen Gesamtentwurf der Summe ein: „Unser Herr und Heiland Jesus Christus hat nach dem Zeugnis des Engels (Mt 1, 21) sein Volk von der Sünde erlöst und uns in sich selbst den Weg der Wahrheit gewiesen, auf dem wir durch die Auferstehung zur ewigen Seligkeit gelangen können. Eine vollständige Darstellung der ganzen Theologie verlangt daher, dass wir nach der Behandlung des letzten Zieles sowie der Tugenden und Laster unseren Blick nunmehr auf den Welterlöser selbst und auf seine dem Menschengeschlecht erwiesenen Wohltaten richten."[274] Denn er ist es, der, insofern er Mensch ist, für uns den Weg zu Gott darstellt (Ia q.2 prol.). Die Darstellung dieser die Kreisbewegung vollendenden Wegstrecke zerlegt Thomas wieder in drei große Abschnitte: Zunächst wird der Erlöser selbst betrachtet, dann die Sakramente, durch die uns das von ihm verdiente Heil vermittelt wird, und schließlich das ewige Leben als Ergebnis der Erlösung.

Der erste große Abschnitt (qq.1–59) zerfällt wiederum in zwei Traktate (die in etwa, d.h. mit leichten Überschneidungen, unserer heutigen Einteilung in Christologie und Soteriologie entsprechen): jenen vom Geheimnis der Fleischwerdung des ewigen Wortes (qq.1–26) und einen zweiten, der von den Geheimnissen des Lebens, Sterbens und der Verherrlichung des Gottmenschen handelt (qq.27–59).

Da die Existenz der Inkarnation ein Geheimnis des Glaubens ist, fehlt ihr die Notwendigkeit, die der Wissenschaft sonst zu eigen ist. Daher wird bereits in der ersten Quaestion von der theologischen Vernunft nicht mit Notwendigkeits-, sondern nur mit Argumenten der Angemessenheit (Konvenienzargumenten) – auf den Spuren Anselms von Canterbury – nach den Gründen der Menschwerdung gefragt, in den folgenden Quaestionen wird dann das Wesen dieses Geheimnisses in die Vereinigung der beiden Naturen in einer Person gelegt (q.2) und näher betrachtet (q.3–15). Im Hinblick auf die Entwicklung des Denkens des Thomas sind dabei die Quaestionen 9 bis 11, in denen dieser seine bisher vorgetragene Lehre vom Wissen der menschlichen Seele Christi gegenüber früheren Aussagen ganz ausdrücklich verändert, von besonderer Relevanz.[275] Die Folgerungen, die sich aus der hypostatischen Union im Hinblick auf den Gottmenschen ergeben, behandeln die daran anschließenden zehn Quaestionen (qq.16–26). Ein außergewöhnliches Interesse hat dabei die Abhandlung des Thomas zum einzigen Sein in Christus (q.17 a.1) gefunden, da Thomas hier seine, auch gegenüber der noch kurz zuvor in Paris im Frühjahr 1272 disputierten Quaestion *De unione verbi incarnati* veränderte, endgültige Position zu der Frage entwickelt, die später zu einem zentralen Unterscheidungsmerkmal der strikt thomistischen Christologie und damit auch zu einem wichtigen Kontroverspunkt der Thomas-Forschung werden wird[276]: Das Sein gehört zur Person als zu dem, was das Sein hat. Zugleich lassen sich Sein und Wesen bzw. Natur real unterscheiden. Da in Christus aber nur eine einzige Person angenommen werden kann, so gibt es in ihm auch nur ein einziges, d.h. göttliches Sein, in dem die menschliche Natur subsistiert.

Mit q.27 beginnt der Traktat über die „Mysterien", d.h. Worte und Taten Christi, die sozusagen die Ausführung des in der Christologie Gesagten in der Zeit darstellen. Interessant ist dabei die vierteilige Gliederung, die Thomas seinem Traktat unterlegt, da diese in gewissem Sinne die Gliederung der gesamten Summa in leicht modifizierter Form spiegelt: Zunächst wird der Eingang (*ingressus*) des ewigen Wortes in diese Welt durch die Jungfrau Maria (qq.27–39), dann dessen Durchgang (*progressus*) durch die Welt und die damit verbundenen Wundertaten (qq.40–45) und schließlich sein Ausgang (*exitus*) aus der sichtbaren Welt in seinem Leiden und Tod (qq.46–52) sowie sein triumphierender Rückgang zum Vater (qq.53–59) betrachtet. Wie bereits erwähnt, zeichnet sich dieser lange Zeit etwas vernachlässigte Abschnitt der Summa durch seine starke biblische Fundierung aus. Von besonderem Interesse sind hier unter anderem die Mariologie der Summe, die sich eingefügt findet in den Abschnitt, der die Kindheit Jesu behandelt (qq.27–34), und die in einem in der Theologiegeschichte viel diskutierten Text (q.27 a.2–3) auch auf die Unbefleckte Empfängnis der Mutter Jesu eingeht,[277] sowie die Quaestionen 48 und 49, die die thomistische Eigenlehre von der physischen Wirksamkeit Christi im Werk der Erlösung behandeln.

Der Sekundärliteratur zur Summa gilt gerade der gegen Ende des Lebens des Aquinaten verfasste Christologietraktat als eine meisterliche Synthese aus spekulativer und positiver Theologie. Thomas legt nicht nur, wie bereits erwähnt, mit seiner Verwertung der wichtigsten biblischen Aussagen ein sicheres Fundament seiner Christologie, darüber hinaus zeigt gerade dieser Traktat eine profunde Kenntnis der lateinischen wie der griechischen Patristik sowie der kirchlichen Doktrin und Lehrentwicklung, die die schwierigsten Probleme unter Zuhilfenahme einer eminent metaphysisch gespeisten Spekulation mit faszinierender Leichtigkeit und Tiefe zugleich zu lösen vermag.

An die Betrachtung des Geheimnisses des fleischgewordenen Wortes schließt sich konsequent die Lehre von den Sakramenten der Kirche an, „die vom fleischgewordenen Worte selbst Wirksamkeit haben" (q.60 prol.). Gegenüber dem Sentenzenkommentar gelingt es Thomas in der Summa, die Sakramentenlehre in einen engen organischen Zusammenhang mit der Christologie und damit der Gesamtkonzeption des Werkes zu rücken: Das Heil fließt von der Gottheit Christi durch seine Menschheit in die Sakramente der Kirche. Ganz entsprechend der physischen Wirksamkeit Christi im Werk der Erlösung lehrt Thomas nun auch hier (im Unterschied zu früheren Äußerungen), dass die Sakramente den Menschen nicht nur für den Empfang der Gnade disponieren, sondern diese instrumentalursächlich verursachen.

Die Sakramentenlehre wurde zum ersten Mal in der Scholastik von Hugo von St. Victor in eine allgemeine und eine spezielle aufgeteilt, und Thomas nimmt diesen Brauch, der bis heute in der Dogmatik üblich ist, in der Tertia auf. Zunächst behandelt er in sechs Quaestionen (qq.60–65) das Wesen, die Notwendigkeit, die wichtigsten Wirkungen, die Ursachen und die Zahl der Sakramente. Dabei wird bereits deutlich, dass zwei Gesichtspunkte die Sakramentenlehre der Summa besonders prägen: das Sakrament als Zeichen und als Ursache der Heiligung des Menschen.

Von der besonderen Sakramentenlehre konnte Thomas noch die Lehre von der Taufe (qq.66–71), der Firmung (q.72), von der Eucharistie (qq.73–83) und zum Teil von der Buße (qq.84–90) behandeln. Das Supplement vervollständigt diese (Suppl qq.1–28), behandelt dann weiter die Letzte Ölung (qq.29–33), das Weihesakrament (qq.34–40), die Ehe (qq.41–68) und die gesamte Eschatologie (qq.69–101). Dabei nimmt der Traktat über die Eucharistie eine besondere Bedeutung ein, da Thomas hier das theologische Fundament für die von ihm erstellten Texte des 1264 von Papst Urban IV. in der Gesamtkirche eingeführten Fronleichnamsfestes liefert. Weisheipl bemerkt, dass dieser Teil der Summe „zu den erhabensten und vollkommensten Abhandlungen zählt, die im Mittelalter verfasst wurden"[278]. Auch Papst Johannes Paul II. erwähnt an mehreren Stellen (nr. 37, 68) seiner neuesten Enzyklika „Ecclesia de Eucharistia" (2003), über die Eucharistie in ihrem Verhältnis zur Kirche, die einzigartige Rolle, die die Gedanken des Aquinaten, „dieses vortrefflichen Theologen und gleicherweise leidenschaftlichen Sängers des eucharistischen Christus" (nr.68), über die Eucharistie für die katholische Doktrin spielen.

Auch in der Eschatologie ist noch der theozentrische Grundduktus der gesamten Summa durchgehalten, wenn etwa das allgemeine Gericht über das individuelle hinaus „als letzter Akt der Selbstoffenbarung Gottes in der universalen Scheidung zwischen Guten und Bösen (Suppl. 88,1 ad 2) – also als letztes Wort der *sacra doctrina* gemäß I 1,1 –"[279] verstanden wird.

XI. Textausgaben

1. Lateinische Textausgaben

Die erste gedruckte Gesamtausgabe der Werke des Aquinaten (*Editio princeps*) erschien zu Rom auf Veranlassung des großen Dominikaner-papstes Pius V. in den Jahren 1569 bis 1570 und wird daher auch (*Editio*) *Piana* genannt. Die neueren Gesamtausgaben gehen alle mehr oder weniger auf diese Edition zurück. Neben der *Editio princeps* zählt man weitere neun Gesamtausgaben (zu Venedig: 1593–94/1745–88; zu Lyon: 1595; zu Antwerpen: 1612; zu Paris: 1636–41; zu Parma): Am bekanntesten dürften nach der *Leonina* (s. u.) die zu Parma, daher *Editio Parma* genannte (25 Bde., 1852–1873; Nachdruck New York 1948/49) und die nach ihrem Verlag benannte Vivès-Ausgabe (34 Bde., Paris 1871–1880) sein. In all diesen Ausgaben ist die *Summa theologiae* jeweils in den ersten vier bis sechs Bänden abgedruckt. Daneben steht eine Vielzahl von Einzelausgaben der *Summa theologiae*, die bis 1882 aber alle den Text der *Piana* übernehmen. Alle diese Editionen sind selbstredend nach heutigen Maßstäben keine kritischen Ausgaben.

Anders verhält es sich mit der von Papst Leo XIII. im Anschluss an die Enzyklika *Aeterni Patris* in Auftrag gegebenen und 1882 in Rom begonnenen neuesten Gesamtausgabe der Werke des Doctor angelicus, der *Editio Leonina*, die bis heute noch nicht abgeschlossen ist.

Die Summa ist in den Bänden 4 bis 12 abgedruckt (Ia: Bde. 4–5; Ia–IIae: Bde. 6–7; IIa–IIae: Bde. 8–10; IIIa: Bd. 11; Suppl.: Bd. 12), begleitet vom bereits mehrfach erwähnten Kommentar des Kardinals Cajetan. Nachdem die damals von Andreas Frühwirt geleitete Kommission in den ersten Bänden bereits wichtige Aristoteles-Kommentare des Thomas vorgelegt hatte, musste sie ihr ursprünglich geplantes Programm auf Weisung des Papstes 1886 ändern. Dieser hatte den vielfach geäußerten Wunsch aufgenommen, die Kommission möge möglichst bald den Text der beiden Summen edieren. So erschienen die erwähnten Bände zwischen 1888 und 1903, was den Nachteil hat, dass der hier abgedruckte Text inzwischen weithin auch nicht mehr den heutigen strengen Maßstäben einer historisch-kritischen Edition entspricht. Das Ziel der Kommission war es, auf der Basis des Piana-Textes einen „korrigierten, korrekten Text für die Schule" vorzulegen. Dabei ging man bis 1906 nach der bereits von den Maurinern bei ihrer Ausgabe der Kirchenvätertexte befolgten „unkritischen" Methode vor. Besonders die Bände, die die Prima und die Prima Secundae enthalten, wurden in großer Hast und auf der Grundlage einiger weniger Manuskripte, genauer der sieben vatikanischen Handschriften der Summa, erstellt, sodass sie in ihrem Text auch kaum von der *Editio Piana* abweichen. Besonders harte, aber letztlich im Hinblick auf die weitere Arbeit der Kommission wirkungsvolle Kritik an der Edition kam dann auch von den deutschen Mediävisten, angeführt von dem Breslauer Gelehrten Clemens Baeumker.[280] Deutlich sorgfältiger gearbeitet zeigen sich die übrigen Bände. Wo man kritisch arbeitete, ging man nach der Konjekturalkritik vor. Die Neubearbeitung durch die nach wie vor tätige Leonina-Kommission steht noch am Anfang, so dass sich die Thomas-Forscher wohl die kommenden Jahrzehnte weiter mit dem Text der Leonina werden zufrieden geben müssen.[281] Da die Foliantbände der originalen Leonina-Ausgabe durch ihr Format und ihren Preis nur bedingt benutzerfreundlich sind, wird man wohl auf einen der zahlreichen Nachdrucke des Textes zurückgreifen: Am bekanntesten ist dabei die (nach ihrem Verlag benannte) Marietti-Ausgabe (4 Bde., Turin 1963) oder die außergewöhnlich preiswerte fünfbändige sog. BAC-Ausgabe (Biblioteca de Autores Cristianos 77; Bd. 80–87; Madrid 1963 u. ö.). Einbändig ist die Ausgabe der Römischen Editiones Paulinae (Rom 1962). Allerdings fehlt all diesen Ausgaben der wertvolle Kommentar Cajetans.

2. Übersetzungen

Schon sehr früh wurde die *Summa theologiae* in andere Sprachen, besonders in nichtromanische, übersetzt. So erschien bereits im 14. Jahrhundert eine Übersetzung der Summe ins Griechische, die der griechische Thomist Demetrios Kydones besorgte, sowie im selben Jahrhundert eine armenische Übersetzung.[282] Ebenfalls für das 14. Jahrhundert lässt sich eine ausschnittsweise Übersetzung in die deutsche Sprache nachweisen. Der Jesuit Luigi Buglio übertrug das Werk 1654 vollständig in die chinesische Sprache. Mit dem zunehmenden Verschwinden der lateinischen Sprache aus der Welt der Wissenschaft nahm die Zahl der Übersetzungen der Summe insgesamt deutlich zu.

Die erste vollständige Übersetzung der *Summa theologiae* in die deutsche Sprache entstand Ende des 19. Jahrhunderts. Sie stammt aus der Feder des spekulativ hoch begabten Thomisten Ceslaus M. Schneider (1840–1908) und erschien unter dem Titel „Die katholische Wahrheit oder die theologische Summa des heiligen Thomas von Aquin" (12 Bde., Regensburg 1886–1892). Sie ist auch deshalb von besonderem Interesse, weil sie bis zur Stunde die einzige vollständige deutschsprachige Übersetzung der Summe geblieben und soeben ein Reprint aller zwölf Bände erschienen ist.[283] Schneider kennzeichnet seine Übersetzung selbst sehr gut: „Wir haben uns hier bemüht, im einfachsten, verständlichsten Deutsch … den Text des heiligen Thomas wiederzugeben."[284] Ohne Zweifel hat es Schneider hierin zu einer gewissen Meisterschaft gebracht; noch heute lesen sich große Partien seiner Übersetzung flüssiger als manche Übertragung aus der ersten Hälfte des 20. Jahrhunderts. Bezüglich der scholastischen Fachterminologie bemerkt Schneider weiter: „Wir haben uns nicht mit dem Anhängen einer deutschen Endung begnügt; es wäre dies allerdings leichter gewesen. Wir sprechen nicht von ‚absolut, formal, material, subjektiv etc.', sondern dies alles haben wir gemäß dem Sinne deutsch wiedergegeben."[285] – Ein Verfahren, auf das wir unten noch kritisch eingehen werden. Fehlen der Übersetzung auch ein Kommentar im engeren Sinne bzw. streng wissenschaftliche Anmerkungen, so wird sie doch ergänzt durch kurze Überleitungen und Zwischentexte, die eine Aktualisierung wichtiger Aussagen der Summa versuchen, sowie durch zum Teil sehr umfangreiche supplementarische Abhandlungen Schneiders, etwa zur Stellung des Thomas zur Doktrin der Unbefleckten Empfängnis der Gottesmutter Maria oder zum Verhältnis von Natur und Gnade.

Der Wunsch nach einer radikalen Eindeutschung der Fachbegriffe leitet auch noch die frühen Bände der Deutschen Thomasausgabe (s. u.) sowie in besonders exzessiver Weise die so genannte „Bernhart-Übersetzung", die als Kröners Taschenausgabe nach wie vor im Buchhandel ist. Zwar bietet diese dreibändige Ausgabe nicht nur fast den ganzen Text der Summa theologiae, sondern besitzt überdies noch ein handliches Format und ist sehr preiswert. Aufs Ganze gesehen ist sie aber – da sie mehr von linguistischen Modeerscheinungen der 30er Jahre als von dem Ziel, eine exakte, möglichst flüssig lesbare und leicht verständliche Übersetzung vorzulegen, geleitet ist – wissenschaftlich völlig unbrauchbar, ohne den Vergleich mit dem lateinischen Originaltext auf weite Strecken sogar unverständlich.[286]

Mit einigen Abstrichen bei den frühen Übersetzungen stellt die „Deutsche Thomas-Ausgabe" (DThA) die wichtigste deutsche Übersetzung der *Summa theologiae* dar.[287] Als 1933 die Dominikaner und Benediktiner Deutschlands und Österreichs das Projekt einer Übersetzung des wichtigsten Werkes des Aquinaten starteten, hatten sie ähnliche Absichten wie Schneider: Man wollte mit der Übersetzung und dem Kommentar eine möglichst große Gruppe an Nichtfachleuten erreichen und diese so für den Thomismus gewinnen. Einer der Mitinitiatoren des Projekts, Karl M. Stepan, erinnert sich: „Wir wollten, dass es vor allem der gebildeten Laienwelt dienen sollte. Der hl. Thomas musste aus der lebensfremden Atmosphäre, in die ihn die Philosophiegelehrten vertrieben hatten, wieder ins pulsierende, wirklichkeitsnahe Leben zurückgebracht werden, für das er geschrieben hatte. Ein Kommentar, eingehende Anmerkungen, die Beigabe eines sorgsam redigierten lateinischen Textes sollten helfen, diese Aufgabe zu erfüllen."[288] Dabei war man überdies sehr zuversichtlich, das Gesamtwerk in verhältnismäßig kurzer Zeit zum Abschluss zu bringen. Es kam aber ganz anders: Bis heute liegen von den 37 geplanten Bänden erst 31 vor. Viele der älteren Bände sind durch den Buchhandel nicht mehr lieferbar. Auch in der Zielgruppe hatte man sich getäuscht: Die Deutsche Thomas-Ausgabe wurde zum größten Teil von den viel geschmähten „Philosophiegelehrten" und den Fachtheologen gekauft. Entsprechend veränderte man bei der Wiederaufnahme der Arbeiten nach dem Ende des Zweiten Weltkrieges nicht nur die Übersetzungstechnik, sondern auch die Art des Kommentars: Dieser wurde nun durchgehend als wissenschaftlich-fachtheologischer konzipiert, zunächst vor allem hauptsächlich systematisch, später (etwa ab Mitte der 50er Jahre) stärker historisch konzipiert. Insofern bildet die Deutsche Thomas-Ausgabe weder im Hinblick auf die Übersetzung noch auf den Kommentar ein einheitliches Werk. Auch dass wichtige Bände nach wie vor fehlen oder nicht mehr verfügbar sind, schmälert den Gebrauchswert natürlich erheblich.

Außerhalb der Deutschen Thomas-Ausgabe sind einige umfangreichere Texte der Summa theologiae auch in separaten Übersetzungen greifbar: So etwa Ia qq.84–88 (Die Erkenntnis des Menschen)[289], Ia–IIae qq.18–21 (Die Sittlichkeit der menschlichen Handlung)[290]; IIa–IIae qq.17–22 (Die Kardinaltugend der Hoffnung)[291] und IIa–IIae qq.80–91 (Die Tugend der Gottesverehrung)[292].

Literatur:
Clemens Suermondt, Principia recensionis operum S. Thomae in editione Leonina, in: Angelicum 3 (1926) 418–461.

J. P. Reilly, The Leonine Commission and the Seventh Centenary of Saint Thomas Aquinas, in: Proceedings of the American Catholic Philosophical Association 48 (1974) 286–294.

Ludwig Hödl, Die Geschichte der „Editio Leonina" der Werke des Thomas von Aquin und die Geschichte der mediävistischen Textkritik, in: id. (Hrsg.), Probleme der Edition mittel- und neulateinischer Texte, Boppard 1978, 75–78.

L. J. Bataillon, L'Édition Leonine des œuvres de saint Thomas et les études médiévales. Pontificia Accademia de San Tommaso d'Aquino e di Religione Cattolica (Hrsg.), Atti dell'VIII Congresso Tomistico Internazionale, Bd. 1: L'enciclica *Aeterni Patris* nell'arco di un secolo, Vatikan 1981, 452–464.

Anmerkungen

[1] In: Stimmen aus Maria Laach 18 (1889) 298.

[2] Martin Grabmann, Geschichte der Theologie seit dem Ausgang der Väterzeit, ND. Darmstadt 1961, 80.

[3] Thomas Bonhoeffer, Die Gotteslehre des Thomas von Aquin als Sprachproblem, Tübingen 1961, 1–2.

[4] Diese Thomisten meint Johannes Paul II. wohl, wenn er in der Enzyklika *Fides et Ratio* (Nr. 58) über die Folgen der päpstlichen Enzykliken, die zum Studium der Summa des Aquinaten aufrufen, schreibt: „Zahlreiche Gelehrte brachten mutig die thomistische Überlieferung in die Diskussion über die damaligen philosophischen und theologischen Probleme ein ... So stand der Kirche im Laufe des 20. Jahrhunderts eine starke Gruppe von Denkern zur Verfügung, die in der Schule des Doctor Angelicus herangebildet worden waren.“

[5] Im Unterschied zur *Summa contra gentiles*, für die seit 2001 eine eigene Einführung vorliegt: Rolf Schönberger, Thomas von Aquins „Summa contra gentiles“, Darmstadt 2001. Vgl. dazu: Leo Elders, Rezension, in: DocAng 2 (2002) 208–211.

[6] Otto Hermann Pesch, Heiße Eisen der Ökumene, in: Konrad Reiser u. a. (Hrsg.), Ökumene vor neuen Zeiten, Freiburg/Breisgau 2000, 446. Zur Problematik dieser „Thomas-Renaissance“ vgl. David Berger, Thomismus. Große Leitmotive der thomistischen Synthese, Köln 2001, 11–58.

[7] Robert von Melun, Sententie, Ed. R. M. Martin, Löwen 1947, 3: „Quid enim summa est? Non nisi singulorum brevis comprehensio ... Siquidem summa est singulorum compendiosa collectio.“

[8] Petrus Abaelardus, Opera (Ed. V. Cousin), Paris ND 1970, 2: „aliquam sacrae eruditionis Summam ...“

[9] Ibid., 5: „Tria sunt ... in quibus humanae salutis summa consistit, Fides videlicet, Charitas et Sacramentum“: Drei Dinge sind es, in denen die Summe des menschlichen Heiles besteht: Glaube, Liebe und Sakrament.

[10] Hugo von St. Victor, Opera omnia (MPL 176), 174: „Primus liber a principio mundi usque ad Incarnationem Verbi narrationis seriem deducit. Secundus liber ab Incarnatione Verbi usque ad finem et consummationem omnium ordine procedit.“

[11] Cf. D. E. Luscombe, Peter Comestor, in: K. Walsh u. a. (Hrsg.), The Bible in the Medieval World, Oxford 1985, 109–129.

[12] Kritische Ausgabe: Petrus Lombardus, Sententiae in IV libris distinctae, Grottaferrata ³1971–1981.

[13] Arthur Landgraf, Eine neuentdeckte Summe aus der Schule des Praepositinus, in: CFr 1 (1931) 310–312.

[14] Grabmann, Einführung in die Summa theologiae, 4.

[15] Zu Albert als „Systemdenker" vgl. besonders die brillanten Untersuchungen von Henryk Anzulewicz. Als Einstieg besonders: Henryk Anzulewicz, Die Rekonstruktion der Denkstruktur des Albertus Magnus. Skizze und Thesen eines Forschungsprojektes, in: ThGl 90 (2000) 602–612; sowie: Id., Neuere Forschung zu Albertus Magnus, in: RTPMA 66/1 (1999) 163–206.

[16] Marie-Dominique Chenu, Das Werk des hl. Thomas von Aquin, Graz 1960, 338.

[17] Erwähnenswert sind für die Zeit nach Thomas noch die Summen des Gerard von Bologna († 1317), der sich im Aufbau seiner Summe aber eng an jene des Aquinaten anschließt, sowie der beiden deutschen Dominikaner Johannes von Lichtenberg († 1313) und Nikolaus von Straßburg († nach 1329): vgl. dazu: Martin Grabmann, Neu aufgefundene lateinische Werke deutscher Mystiker, München 1922.

[18] Vgl. Jacques Maritain, Distinguer pour unir ou Les Degrés du Savoir, Paris ⁵1948. Thomas schreibt in seiner *Summa contra gentiles* (II, cap. 42): „Optimum autem in rebus causatis est distinctio et ordo ipsarum"!

[19] Cf. Otto Hermann Pesch, Thomas von Aquin. Grenze und Größe mittelalterlicher Theologie, Mainz ³1988, 83–106; Id., Thomas von Aquino/Thomismus/Neuthomismus, in: ³TRE XXXIII (2002) 437.

[20] Jean-Pierre Torrell, Magister Thomas. Leben und Werk des Thomas von Aquin, Freiburg/Breisgau 1995, 125.

[21] Cf. dazu: P. Philippe, Le plan des Sentences de Pierre Lombard d'après S. Thomas, in: Bulletin Thomiste 3 (1930–33) 131–154; Francis Ruello, Saint Thomas et Pierre Lombard. Les relations trinitaires et la structure du commentaire des Sentences des saint Thomas d'Aquin, in: Studi tomistici 1 (1974) 176–209.

[22] Torrell, Magister Thomas, 183.

[23] Ptolomaei Lucensis Historia ecclesiastica nova (Ed. Dondaine, Rom 1961), XXIII 15.

[24] Bernardo Guidonis Vita S. Thomae Aquinatis (Ed. Prümmer – Laurent, Toulouse 1937), cap. 53. Zur Existenz dieser *alia lectura fratris Thomae*: H.-F. Dondaine, Alia lectura fratris Thomae?, in: MS 42 (1980) 308–336; L. E. Boyle, Alia lectura fratris Thomae, in: MS 45 (1983) 418–429; M. F. Johnson, Alia lectura fratris thomae. A list of the New Texts found in Lincoln College, Oxford, M.S. Lat. 95, in: RThAM 57 (1990) 34–61.

[25] Zu den verschiedenen Deutungen der Äußerungen Guis und Ptolemäus': André Hayen, S. Thomas a-t-il édité deux fois son Commentaire sur le livre des Sentences?, in: RThAM 9 (1937) 219–236; Antoine Dondaine, Besprechung des Artikels von Hayen, in: Bulletin Thomiste 6 (1940/41) 100–108; Weisheipl, Thomas von Aquin, 202; François von Gunten, Gibt es eine zweite Redaktion des Sentenzenkommentars?, in: Klaus Bernath (Hrsg.), Thomas von Aquin, Bd. I: Chronologie und Werkanalyse, Darmstadt 1978, 313–348.

[26] Torrell, La „Somme de théologie", 92.

[27] Ia prol.: „Quia Catholicae veritatis doctor non solum provectos debet instruere, sed ad eum pertinet etiam incipientes erudire, secundum illud apostoli I ad Corinth. III, *tanquam parvulis in Christo, lac vobis potum dedi, non escam*; propositum nostrae intentionis in hoc opere est, ea quae ad Christianam religionem pertinent, eo modo tradere, secundum quod congruit ad eruditionem incipientium."

[28] Cf. William J. Hill, St. Thomas Aquinas teacher, in: The Thomist 66 (2002) 9–13.

[29] Am deutlichsten, differenziertesten und überzeugendsten von John I. Jenkins, Knowledge and Faith in Thomas Aquinas, Cambridge 1997, 85–97: Die Summa wird in bewusster Absetzung zu Boyle und Weisheipl verstanden als „a second level pedagogical work for very advanced students" (97). Dazu unsere Rezension, in: FKTh 15 (1999) 303–305.

[30] Ia prol.: „Consideravimus namque huius doctrinae novitios, in his quae a diversis conscripta sunt, plurimum impediri, partim quidem propter multiplicationem inutilium quaestionum, articulorum et argumentorum; partim etiam quia ea quae sunt necessaria talibus ad sciendum, non traduntur secundum ordinem disciplinae, sed secundum quod requirebat librorum expositio, vel secundum quod se praebebat occasio disputandi; partim quidem quia eorundem frequens repetitio et fastidium et confusionem generabat in animis auditorum."

[31] Ibid.: „Haec igitur et alia huiusmodi evitare studentes, tentabimus, cum confidentia divini auxilii, ea quae ad sacram doctrinam pertinent, breviter ac dilucide prosequi, secundum quod materia patietur."

[32] Dazu: Grabmann, Einführung in die Summa Theologiae, 55–58.

[33] Thomas Marschler, Auferstehung und Himmelfahrt Christi in der scholastischen Theologie bis zu Thomas von Aquin (BGPhThMA, Bd. 64), Bd. 1, Münster 2003, 87–89.

[34] Torrell, Magister Thomas, 163.

[35] Melchor Cano, De locis theologicis, XII, c. 2, nr. 4.

[36] Cf. M. L. Colish, Systematic Theology and Theological Renewal in the Twelfth Century, in: Journal of medieval and renaissance studies 18 (1988) 135–156; Marschler, Auferstehung und Himmelfahrt, 81–82.

[37] Franz Diekamp & Klaudius Jüssen, Katholische Dogmatik nach den Grundsätzen des heiligen Thomas, Bd. I, Münster [12-13]1958, 94.

[38] Grabmann, Einführung in die Summa theologiae, 58–59.

[39] Thomas von Aquin, Ia q. 39 a. 8: „Denn zur Schönheit sind drei Dinge erforderlich: Erstens die Unversehrtheit oder Perfektion (integritas sive perfectio) ... Weiterhin die angemessene Proportion oder der harmonische Zusammenklang aller Einzelteile (depita proportio sive consonantia). Und schließlich die Klarheit: daher werden die Dinge, die eine strahlende Farbe haben, schön genannt."

[40] Dazu: Thomas F. O'Meara, Thomas Aquinas Theologian, Notre Dame 1997, 45–51; David Berger, Auf der Suche nach dem Wesen des Thomismus, in: Ang 79 (2002) 585–645.

[41] Der Viterbo-Aufenthalt des hl. Thomas ist in der Forschung umstritten.

[42] Boyle, The setting, 14: „This persistance at least suggests that for Thomas the *Summa theologiae* was something out of the ordinary, and indeed, meant much to him."

[43] René-Antoine Gauthier, Quelques questions à propos du commentaire de S. Thomas sur le „De anima", in: Ang 51 (1974) 419–472.

[44] Cf. René-Antoine Gauthier, Somme contre les gentils. Introduction, Paris 1993, 57–59; Torrell, Magister Thomas, 163–164.

[45] Ignatius T. Eschmann, A Catalogue of St. Thomas' works, in: Etienne Gilson, The Christian Philosophy of St. Thomas Aquinas, New York 1956, 387; Weisheipl, Thomas von Aquin, 223–268 (dort weitere Hinweise); Bernd Kettern, Thomas von Aquin, in: BBKL XI (1996) 1324–1370.

[46] Ptolomaei Lucensis Historia ecclesiastica, XXIII, cap. 15.

[47] Das Leben des heiligen Thomas von Aquino erzählt von Wilhelm von Tocco und andere Zeugnisse zu seinem Leben. Übertragen und eingeleitet von Willehad Paul Eckert, Düsseldorf 1965, cap. 43. (Im Folgenden abgekürzt als „Tocco".)

[48] Tocco, cap. 47.

[49] A. Dondaine, Secrétaires de saint Thomas, Rom 1956; Id., Die Sekretäre des hl. Thomas, in: Klaus Bernath (Hrsg.), Thomas von Aquin, Bd. 1, Darmstadt 1978, 396–410; Torrell, Magister Thomas, 254–258. Vgl. auch: H.-D. Saffrey, Saint Thomas d'Aquin et ses secrétaires, in: RScPhTh 41 (1951) 49–74.

[50] Processus canonizationis S. Thomae, Neapoli. Ed. M. H. Laurent, Toulouse 1937, 77.

[51] Tocco, cap. 17.

[52] Cf. G. Cappelluti, Fra Pietro di Andria e i Segretari di San Tommaso, in: Memorie Domenicane 6 (1975) 151–165.

[53] Tocco, cap. 43.

[54] Ibid., 29.

[55] Das Leben des heiligen Thomas von Aquino erzählt von Wilhelm von Tocco und andere Zeugnisse, 232.

[56] Tocco, cap. 63.

[57] Réginald Garrigou-Lagrange, Die Wendezeiten der Seele, Vechta 1937, 180.

[58] Dazu: Jean-Luc Solere, Thomistes et antithomistes, in: RThom 105 (1997) 219–245.

[59] Martin Grabmann, Hilfsmittel des Thomasstudiums aus alter Zeit. Auf Grund handschriftlicher Forschungen dargestellt, in: Id., Mittelalterliches Geistesleben. Abhandlungen zur Geschichte der Scholastik und Mystik, Bd. II, München 1935, 424–489.

[60] Ibid., 428.

[61] Zit. nach ibid., 434.

[62] Grabmann, Hilfsmittel des Thomasstudiums, 425.

[63] Torrell, Magister Thomas, 176.

[64] Adolf Portmann, Das System der Theologischen Summe des hl. Thomas von Aquin, Luzern 21903; Raymund Erni, Die Theologische Summe des Thomas von Aquin in ihrem Grundbau, 4 Bde., Luzern 11949. International am verbreitetsten

dürfte das lateinische Werk sein: Gerardus M. Paris, Synopsis totius Summae Theologicae S. Thomae, Neapel [2]1958.

[65] Cf. Guy Bedouelle u. a. (Hrsg.), Jean Capreolus en son temps (1380–1444), Paris 1997.

[66] Cf. Leinsle, Scholastische Theologie, 174.

[67] Cf. Ulrich Horst, Die Lehrautorität des Papstes und die Dominikanertheologen der Schule von Salamanca, Berlin 2003, 31–33.

[68] Grabmann, Kardinal Cajetan, in: Id., Mittelalterliches Geistesleben, 607–608.

[69] Cf. Antonio Piolanti, Il Mistero Eucaristico, Vatikan [3]1983, 249.

[70] Cf. Angelus Walz, San Tommaso d'Aquino dichiarato dottore della Chiesa nel 1567, in: Ang 44 (1967) 145–173.

[71] Molina beruft sich zwar immer auf Thomas (Concordia, prol., Ed. Paris 1876, II: „quem veluti scholasticae theologiae solem ac principem sequi descernimus"), muss aber an zentralen Stellen dann doch zugeben, dass er von Thomas abweicht (ibid. q.14 a.13 disp. 26, 125).

[72] Franz Morgott, Dominikus Báñez, in: Wetzer-Welte I, 1948–1965.

[73] Ibid., 1951.

[74] Cf. José Angel García Cuadrado, Domingo Báñez (1528–1604). Introducción a su obra filosófica y teológica, Pamplona 1999.

[75] Cf. dazu: Otho Merl, Theologia Salmanticensis. Untersuchung über Entstehung, Lehrrichtung und Quellen des theologischen Kurses der spanischen Karmeliten, Regensburg 1947.

[76] Bernhard Dörholt, Der Predigerorden und seine Theologie, Paderborn 1917, 67.

[77] Commentarius in Summam Theologicam S. Thomae, 7 Bde., Paris – Turin – Rom 1937–1951.

[78] Praelectiones in Summam Theologicam quas habebat Universitate Friburgensi aput Helvetios P. Norbertus del Prado, 1 Bd., Rom o. J.

[79] Commentarius in Sth III q.27–59: De Mysteriis vitae Christi, Rom 1940.

[80] De hominis beatitudine. Tractatus ad Ia–IIae Sth q.1–5, Madrid 1942–47.

[81] Praelectiones scholasticae in Secundam Partem Divi Thomae, Rom 1935 ff. Cf. von diesem auch: La Moral de Sto. Tomás, 2 Vol., Valencia 1931–32.

[82] Cours de théologie moral, Vol I: Ad Ia–IIae Sth q.1–5; Vol II: Ad IIa–IIae Sth q.1–16, Scriptum polycopie à l'usage des étudiants, Toulouse 1959–60.

[83] De Divina Gratia. Adnotationes in I–II, qq.109–114 (Pontificium Athenaeum Angelicum), Rom 1951.

[84] AAS VI (1914) 336–341. Dazu: Alexander M. Horvath, Die Summa theologica des hl. Thomas von Aquin als Textbuch, in: DT 2 (1915) 173–195.

[85] Anton Michelitsch, Kommentatoren zur Summa Theologiae des Thomas von Aquin (1923), ND Hildesheim – New York 1981, 170.

[86] Anzeichen dafür ist etwa der von vielen Autoren verfasste, umfangreiche „Kommentar" zur *Secunda*: Stephen J. Pope, The Ethics of Aquinas (Moral Traditions Series), Washington D.C. 2002.

[87] Ernst Commer, Zur Theologie der visio beatifica, in: DT 5 (1918) 289.

[88] Horvath, Die Summa theologiae, 194–195.

[89] Marie-Dominique Chenu, Der Plan der Summa, in: Klaus Bernath (Hrsg.), Thomas von Aquin, Bd. I, Darmstadt 1978, 173.

[90] Cf. In Boeth. De Trin. q.2 a.2 und q.6 a.1.

[91] Zu dem gesamten Abschnitt vgl. Angelus Walz, De genuino titulo „Summa theologiae", in: Ang 18 (1941) 142–151.

[92] Dazu: Rolf Schönberger, Thomas von Aquins „Summa contra gentiles", Darmstadt 2001, 10–11.

[93] Richard Heinzmann, Die Theologie auf dem Weg zur Wissenschaft, in: Klaus Bernath (Hrsg.), Thomas von Aquin, Bd. I, Darmstadt 1978, 456.

[94] Markus Gumann, Vom Ursprung der Erkenntnis des Menschen bei Thomas von Aquin, Regensburg 1997, 38–40.

[95] Cf. James Weisheipl, Thomas von Aquin. Sein Leben und seine Theologie, Graz 1980, 205.

[96] Cf. Wilhelm Metz, Die Architektonik der Summa Theologiae des Thomas von Aquin, Hamburg 1998, 169.

[97] Thomas von Aquin, In Met. l. III lect. 1, nr. 6: „Est autem attendendum, quod propter has rationes consuetudo Aristotelis fuit fere in omnibus libris suis, ut inquisitioni veritatis vel determinationi praemitteret dubitationes emergentes."

[98] Grabmann, Einführung in die Summa theologiae, 68.

[99] Cf. Schönberger, Summa contra gentiles, 105–110.

[100] Metz, Architektonik, 111.

[101] Ibid., 169.

[102] Cf. dazu: F. A. Blanche, Le vocabulaire de l'argumentation et la structure de l'article dans les ouvrages de saint Thomas, in: RScPhTh 14 (1925) 167–187.

[103] Metz, Architektonik, 114.

[104] Cf. Grabmann, Einführung in die Summa theologiae, 68–71.

[105] Am deutlichsten herausgearbeitet findet sich diese Mikrostruktur in der Geschichte der Thomistenschule im häufig aufgelegten Hauptwerk des 1614 im Rufe der Heiligkeit verstorbenen Dominikaners Serafino Capponi a Porreta: Elucidationes formales in Summam theologiae S. Thomae de Aquino, 5 Bde., Venedig ¹1588.

[106] Ia q.1 a.7: „Omnia autem pertractantur in sacra doctrina sub ratione Dei, vel quia sunt ipse Deus; vel quia habent ordinem ad Deum, ut ad principium et finem."

[107] Cf. ScG III c. 61.

[108] Ia q. 2 prol.: „Quia igitur principalis intentio huius sacrae doctrinae est Dei cognitionem tradere, et non solum secundum quod in se est, sed etiam secundum quod est principium rerum et finis earum, et specialiter rationalis creaturae, ut ex dictis est manifestum; ad huius doctrinae expositionem intendentes, primo tractabimus de Deo; secundo, de motu rationalis creaturae in Deum; tertio, de Christo, qui, secundum quod homo, via est nobis tendendi in Deum."

[109] Ia–IIae prol.: „Quia, sicut Damascenus dicit, homo factus ad imaginem Dei dicitur, secundum quod per imaginem significatur intellectuale et arbitrio libe-

rum et per se potestativum; postquam praedictum est de exemplari, scilicet de Deo, et de his quae processerunt ex divina potestate secundum eius voluntatem; restat ut consideremus de eius imagine, idest de homine, secundum quod et ipse est suorum operum principium, quasi liberum arbitrium habens et suorum operum potestatem."

[110] IIIa prol.: „Quia salvator noster dominus Iesus Christus ... viam veritatis nobis in seipso demonstravit, per quam ad beatitudinem immortalis vitae resurgendo pervenire possimus, necesse est ut, ad consummationem totius theologici negotii, ... de ipso omnium salvatore ac beneficiis eius humano generi praestitis nostra consideratio subsequatur."

[111] Aristoteles, Anal.post. I 2, 71 b 9 (Thomas: lect. 4 nr. 5).

[112] Johannes a S. Thoma., Isagoge ad D. Thomae Theologiam, in: Cursus theologicus in Summam theologicam D. Thomae, Bd. I, Ed. Paris 1883, 191: „Igitur Divus Thomas juxta hanc triplicem considerationem Dei causantis, scilicet ut principium effectivum, ut beatitudo finalizans, ut Salvator reparans, divisit totam doctrinam summae theologiae, ut patet in initio secundae quaestionis hujus primae partis. Et sic a Deo in se, et in essendo, per Deum efficientem, et finalizantem, et salvantem, regreditur ad Deum, ut fruendum in se ultima gloria ressurectionis, quod est plane aureum theologiae circulum complere, quem divina S. Thomae summa circumgyrat."

[113] Eine solche Aufzählung findet sich bei: A.-M. Henry, A. Liégé, Th. Camelot, Die Wissenschaft vom Glauben: Die Theologie, in: Die Katholische Glaubenswelt. Wegweisung und Lehre, Bd. I, Basel u. a. [2]1959, 273–292 und feiner ausdifferenziert in vielen Tafeln bei: Johannes Ude, Die Autorität des hl. Thomas von Aquin als Kirchenlehrer und seine Summa Theologica, Salzburg 1932, 82–125.

[114] Johannes a S. Thoma, Cursus theologicus, 189: „ita universam theologiam non sine infusione coelesti in ordinem redegit, ita admirabili dispositione stravit lapides istos desiderabiles, ut nihil sapientius, nihil congruentius, nihil ordinatius potuerit excogitari."

[115] Johannes ist sich anscheinend bewusst, dass er hier gegenüber Vorzeit und seiner eigenen Zeit Neuland betritt. Er selbst drückt sich nämlich bezüglich seines Unterfangens sehr vorsichtig aus: „Quare tentandum est cum confidentia divini auxilii universam istum ordinem totius summae theologicae ... prius in communi declarare ..." (ibid., 189).

[116] Eine Ausnahme macht hier Domingo Báñez, der den beiden Teilen einen gedankentiefen Kommentar an die Seite gestellt hat. Sein Vorhaben, über das hier Gesagte eine eigene Monographie zu verfassen, wurde jedoch nie ausgeführt.

[117] Der von Max Seckler gegen das Konzept des Johannes a. S. Thoma erhobene Vorwurf der „Äußerlichkeit" (s. u.) ist von daher nur durch eine oberflächliche Lektüre der Ausführungen des großen Gelehrten erklärlich. Dazu: Berger, Auf der Suche nach dem „Wesen" des Thomismus, 588–592.

[118] Marie-Dominique Chenu, Le plan de la Somme théologique de saint Tho-

mas, in: RThom 47 (1939) 93–107. Dt. Fassung: Der Plan der Summa, in: Klaus Bernath (Hrsg.), Thomas von Aquin, Bd. I, Darmstadt 1978, 173–195.

[119] Vgl. etwa die Äußerungen von Max Seckler, Das Heil in der Geschichte. Geschichtstheologisches Denken bei Thomas von Aquin, München 1964, 55.

[120] Chenu, Der Plan der Summa, 174.

[121] Ibid., 179.

[122] Ibid.

[123] Ibid., 185. 188l.

[124] Marie-Dominique Chenu, Introduction à l'étude de S. Thomas d'Aquin, Paris 1950. Dt.: Das Werk des hl. Thomas von Aquin, Heidelberg u. a. 1960.

[125] Edward Schillebeeckx, De sacramentele Heilseconomie, Antwerpen 1952, 2–18. Cf. auch die ähnlichen linearen Entwürfe von: Yves Congar, Le sens de „l'économie" salutaire dans la théologie de S. Thomas d'Aquin, in: Erwin Iserloh (Hrsg.), Festgabe Joseph Lortz, Bd. II, Baden-Baden 1958, 73–122; André Hayen, Thomas von Aquin gestern und heute, Frankfurt a. M. 1953, 77–90.

[126] Cf. zusammenfassend A.-M. Patfoort, Saint Thomas d'Aquin. Les clés d'une théologie, Paris 1983, 49–70. Cf. auch: Rupert Johannes Mayer, De veritate: Quid est? Vom Wesen der Wahrheit, Freiburg/Schweiz 2002, 19–22.

[127] Richard Heinzmann, Die Theologie auf dem Weg zur Wissenschaft, in: Klaus Bernath (Hrsg.), Thomas von Aquin, Bd. I, Darmstadt 1978, 453–469.

[128] RThom 84 (1984) 298–303.

[129] Torrell, Magister Thomas, 173.

[130] Seckler, Das Heil in der Geschichte, 46.

[131] Otto Hermann Pesch, Um den Plan der Summa Theologiae des hl. Thomas von Aquin, in: Klaus Bernath (Hrsg.), Thomas von Aquin, Bd. I, Darmstadt 1978, 416.

[132] Id., Thomas von Aquin, 393.

[133] Ibid., 394.

[134] Brian Johnstone, The Debate on the Structure of the Summa Theologiae of St. Thomas Aquinas: from Chenu (1939) to Metz (1998), in: Paul Van Geest u. a. (Hrsg.), Aquinas as Authority, Löwen 2002, 187–200.

[135] Marschler, Auferstehung und Himmelfahrt, 692.

[136] Wilhelm Metz, Die Architektonik der Summa Theologiae des Thomas von Aquin. Zur Gesamtsicht des thomasischen Gedankens, Hamburg 1998 (Stellenangaben oben im laufenden Text). Dazu auch: Otto Hermann Pesch, Rezension, in: Theologische Revue 97 (2001) 60–63.

[137] Ia q.1 a.8 ad 2: „Utitur tamen sacra doctrina etiam ratione humana, non quidem ad probandum fidem, quia per hoc tolleretur meritum fidei; sed ad manifestandum aliqua alia quae traduntur in hac doctrina. Cum enim gratia non tollat naturam, sed perficiat, oportet quod naturalis ratio subserviat fidei."

[138] Damit kann der Entwurf von Metz etwas leisten, was der Interpretationsschule, die Chenu folgt, nicht gelungen ist: zu erklären, wie man von der Makrostruktur der Summa zu ihrer Binnenstruktur kommt bzw. wie beide ineinander verwoben sind: Metz, Architektonik, 203–204.

[139] W. Pannenberg, Thomas von Aquin, in: ³RGG VI (1962) 862.

[140] Cf. Helmut Hoping, Weisheit als Wissen des Ursprungs. Philosophie und Theologie in der „Summa contra gentiles" des Thomas von Aquin, Freiburg/ Breisgau 1997, 8: „Eine der offensichtlichen Schwächen des heilsgeschichtlich-hermeneutischen Dogmatikkonzepts ist dagegen der nicht selten zu beobachtende Ausfall eines grundsätzlichen und in diesem Sinne umfassenden Bezugs zur Philosophie."

[141] Otto Hermann Pesch, Rezension, in: Theologische Revue 97 (2001) 63: „Das Thomasbild bei Metz ist Neuthomismus *in statu perfectionis*."

[142] Cf. Torrell, Saint Thomas d'Aquin – Maître spirituel, Freiburg/Schweiz 1996, 507: „... le théologien ne pense pas en isolé et il ne recherche pas l'originalité à tout prix, il se veut l'écho d'une tradition."

[143] Metaph. II l.1 (Marietti, nr. 276).

[144] Metz, Die Architektonik der Summa Theologiae, 9.

[145] Ia q.1 a.8 ad 2: „Locus ab auctoritate, quae fundatur super revelatione divina, est efficacissimus." In seinem Apostolischen Schreiben *Lumen Ecclesiae* (Nr.11) zitiert Papst Paul VI. ausdrücklich dieses Thomas-Wort.

[146] Thomas de Vio Cajetanus, Comm. In IIam–IIae S.th. q.148 a.4; Leon. X, 174.

[147] Ia q.1 a.9; Quodl. 7 q.6 a.1 ad 5.

[148] Torrell, La „Somme de théologie", 103.

[149] Cf. etwa: In I Sent q.1 a.2; In De Trin. q.5 a.4: „sacra scriptura quae Theologia dicitur ..."; Ia q.1. Dazu: Santiago Ramírez, Summa Theologica de santo Tomás de Aquino. Introducción, Madrid 1957, 55–56; Maximino Arias Reyero, Thomas von Aquin als Exeget, Einsiedeln 1971, 37–38.

[150] Ia q.36 a.2 ad 1: „quod de Deo dicere non debemus, quod in Sacra Scriptura non invenitur vel per verba, vel per sensum."

[151] In Ioan c.XXI, lect. VI, II, nr. 488: „... sola canonica scriptura est regula fidei."

[152] Eine Tendenz dazu in jüngster Zeit bei: Florent Gaboriau, Au seuil de la Somme. Un quiproquo chez Thomas d'Aquin?, Paris 1999. Dazu: Bertrand de Margerie, Rezension, in: DocAng 2 (2002) 212–213.

[153] Cf. Johan van der Ploeg, The place of the Holy Scripture in the theology of St. Thomas, in: Thomist 10 (1947) 398–422; Arias Reyero, Thomas von Aquin, 260.

[154] IIIa q.25 a.3 ad 4; In I Sent. d.11 q.1 nr. 5.

[155] Cf. IIa–IIae q.5 a.3 ad 2 und Leo Elders, Der Dialog beim hl. Thomas von Aquin, in: DocAng 2 (2002) 39; R. Bellemare, La Somme de théologie et la lecture de la Bible, in: Eglise et Théologie 5 (1974) 257–270.

[156] Ia q.36 a.2 ad 2; De Ver q.14 a.10 ad 11.

[157] IIa–IIae q.107 a.3

[158] Cf. Ia q.65 prol.; dazu: Angelikus Kropp, Kommentar zur Summa theologiae Ia qq.65–74, in: DThA 5 (1934) 151–252.

[159] De div. nom. II 1.

[160] IIa–IIae q.10 a.12: „Maximam habet auctoritatem Ecclesiae consuetudo, quae semper est in omnibus aemulanda. Quia et ipsa doctrina Catholicorum

Doctorum ab Ecclesia auctoritatem habet: unde magis standum est auctoritati Ecclesiae quam auctoritati vel Augustini vel Hieronymi vel cujuscumque Doctoris."

[161] Cf. Berger, Thomas von Aquin begegnen, 51–53.

[162] Cf. Contra errores graecorum, prol.; III Sent d.25, q.25, a.2, sol.1 ad 5; dazu auch: Christopher Kaczor, Thomas Aquinas on the development of doctrine, in: Theological Studies 62 (2001) 283–302.

[163] IIa–IIae q.49 a.3 ad 2.

[164] Zum Beispiel: In div. nom. prol. (bez. des platonischen Stils bei Dionysius), IIa–IIae q.23 a.2 ad 1 (bez. Augustinus).

[165] Chenu, Das Werk, 158.

[166] IIIa q.82 a.8 ad 1.

[167] J. Durantel, S. Thomas et le Pseudo-Denys, Paris 1919, 39–49; Chenu, Das Werk, 170.

[168] Detailliert dazu: Leo Elders, Thomas Aquinas and the Fathers of the Church, in: Irena Backus (Hrsg.), The Reception of the Church Fathers in the West, Leiden u.a. 1997, 337–366.

[169] Elders, Der Dialog beim hl. Thomas von Aquin, 42.

[170] Id., Les citations de saint Augustin dans la Somme théologique de Saint Thomas d'Aquin, in: DocComm 42 (1987) 115–165.

[171] Otto H. Pesch, Thomas von Aquino/Thomismus/Neuthomismus, in: ³TRE XXIII (2002) 439; cf. dazu auch: Alberto di Giovanni, San Tommaso, il Maggiore degli „Agostiniani"?, in: Studi tomistici 17 (1982) 86–106.

[172] Wir folgen hier: Metz, Architektonik, 49–60.

[173] Metz, Architektonik, 49.

[174] Gustave Bardy, Sur les sources patristiques grecques de Saint Thomas dans la Ière partie de la Somme Théologique, in: RScPhTh 12 (1923) 493–502.

[175] Cf. Torrell, La „Somme de théologie", 107: „… fidèle hériter de l'Église indivisé."

[176] IIa–IIae q.5 a.1: „… dicta Hugonis a S. Victore magistralia sint, et robur auctoritatis non habeant …"

[177] Cf. A. Carpin, La Redenzione in Origene, S. Anselmo e S. Tommaso, in: Sacra Doctrina 45 (2000) 7–222; R. Pietrosanti, Tra Anselme e Tommaso. Due concezioni di Dio, in: Ang 77 (2000) 125–164.

[178] Cf. etwa Ia–IIae q.103 a.4 ad 3.

[179] Predigt, gehalten auf der Albertus-Feier zu Rom im Jahr 1880. Zitiert nach: Grabmann, Einführung in die Summa theologiae, 129.

[180] Dies hat bereits Johannes Capreolus in seinem Sentenzenkommentar sehr deutlich herausgearbeitet: vgl. dazu Martin Grabmann, Der Einfluss Alberts des Großen auf das mittelalterliche Geistesleben, in: Id., Mittelalterliches Geistesleben, Bd. II, München 1935, 324–412.

[181] Henryk Anzulewicz, Die Rekonstruktion der Denkstruktur des Albertus Magnus, in: ThGl 90 (2000) 602–612; hier: 610.

[182] Cf. zum Beispiel: Ia q.1 a.7.

[183] Pesch, Thomas von Aquino, 439.

[184] Metz, Architektonik, 65.

[185] Cf. Martin Rhonheimer, Praktische Vernunft und Vernünftigkeit der Praxis. Handlungstheorie bei Thomas von Aquin in ihrer Entstehung aus dem Problemkontext der aristotelischen Ethik, Berlin 1994.

[186] Die vollständigste Übersicht noch immer bei: Ceslaus M. Schneider, Die Lehre des Aristoteles nach den in der Summa angeführten Stellen, in: Id., Die katholische Wahrheit oder die theologische Summa des hl. Thomas von Aquin, Bd. 12, Regensburg 1892, 208–237.

[187] Ia q.4 a.1 ad 3; Ia q.104 a.1.

[188] Cf. Rolf Schönberger, Thomas von Aquin zur Einführung, Hamburg ¹1998, 50–76; J. Owens, The Conclusion of the Prima Via, in: Modern Schoolman 30 (1952) 33–53. 109–121. 203–215; Matthew Levering, Contemplating God: YHWH and being in the theology of St Thomas Aquinas, in: The Irish Theological Quarterly 67 (2002) 17–31; anderer Meinung ist hier: Leo Elders, Metaphysik des Thomas von Aquin, II, 101.

[189] Cf. Martin Grabmann, Thomas von Aquin, 43.

[190] Cf. David Berger, Antonin Massoulié OP. Thomistischer Theologe und Konsultor des Hl. Offiziums (1632–1706), in: BBKL XVIII (2001) 877–878.

[191] Besonders deutlich etwa bei dem großen Venezianer Gelehrten Xantés Mariales: cf. dazu: David Berger, Xantés Mariales OP. Thomistischer Dominikanertheologe (1580–1660), in: BBKL XVIII (2001) 859–861.

[192] Von griech. „Blumenkrone". In der Logik bezeichnet das Korollarium einen Satz, der gleichsam selbstverständlich aus einem bereits bewiesenen Satz folgt.

[193] Von daher wird gegen Windmühlen gekämpft, wenn bemerkt wird, heute dürfe Thomas nicht mehr einfach „nur kommentiert werden", wie dies „noch vor einigen Jahrzehnten der Fall war": Karl Rahner, Einführender Essay, in: Johann B. Metz, Christliche Anthropozentrik. Über die Denkform des Thomas von Aquin, München 1962, 14.

[194] Otto H. Pesch, Einleitung, in: DThA 13 (1977) 11.

[195] Martin Grabmann, Thomas von Aquin, 200–201.

[196] Ein besonders gelungenes jüngeres Beispiel dürfte der Kommentar Leo Elders zum Traktat De Deo uno der Summa theologiae sein: Leo Elders, Die Metaphysik des Thomas von Aquin in historischer Perspektive, II. Teil: Die philosophische Theologie, Salzburg – München 1987.

[197] Grabmann, Einführung in die Summa theologiae, 121.

[198] Weisheipl, Thomas von Aquin, 207.

[199] Ia q.1 prol.: „Et ut intentio nostra sub aliquibus certis limitibus comprehendatur, necessarium est primo investigare de ipsa sacra doctrina, qualis sit, et ad quae se extendat."

[200] Fast identische Fragen, jedoch sehr verschieden geordnet finden wir etwa bei: Alexander von Hales, Odo Rigaldus, Bonaventura und Albertus Magnus: vgl. die genauen Ausführungen bei: Rosarius Gagnebet, De natura theologiae ejusque methodo secundum sanctum Tomam, Bd. II, Rom 1952, 17–19.

[201] Ia q.1 prol.: „Primo, de necessitate huius doctrinae. Secundo, utrum sit scientia. Tertio, utrum sit una vel plures. Quarto, utrum sit speculativa vel practica. Quinto, de comparatione eius ad alias scientias. Sexto, utrum sit sapientia. Septimo, quid sit subiectum eius. Octavo, utrum sit argumentativa. Nono, utrum uti debeat metaphoricis vel symbolicis locutionibus. Decimo, utrum Scriptura sacra huius doctrinae sit secundum plures sensus exponenda."

[202] Cajetan, In Iam q.1 a.1 nr. 5; Albert Patfoort, Thomas d'Aquin, Les cléfs d'une théologie, Paris 1983, 28.

[203] Grabmann, Die theologische Erkenntnis- und Einleitungslehre des hl. Thomas von Aquin, Freiburg/Schweiz 1948, 125–126; Garrigou-Lagrange, De Deo uno. Commentarium in primam partem S. Thomae Aquinatis, Turin–Paris ²1950, 36–37.

[204] IIa–IIae q.188 a.6; In Post. An. L.I, lect. Ia, nr. 9.

[205] Hans M. Baumgartner, Wissenschaft, in: Hermann Krings u.a. (Hrsg.), Handbuch philosophischer Grundbegriffe, München 1974, 1743.

[206] Ia q.82 a.1: „sicut ex voluntate transeunti mare fit necessitas in voluntate, ut velit navem."

[207] Ia q.1 a.1: „Primo quidem, quia homo ordinatur ad Deum sicut ad quendam finem qui comprehensionem rationis excedit, secundum illud Isaiae LXIV, *oculus non vidit Deus absque te, quae praeparasti diligentibus te*."

[208] Cf. dazu: Jean-Pierre Torrell, La vision de Dieu per essentiam selon saint Thomas d'Aquin, in: Micrologus 5 (1997) 43–68.

[209] Ia q.1 a.1: „Ut igitur salus hominibus et convenientius et certius proveniat, necessarium fuit quod de divinis per divinam revelationem instruantur. Necessarium igitur fuit, praeter philosophicas disciplinas, quae per rationem investigantur, sacram doctrinam per revelationem haberi." Zum Offenbarungsbegriff des Thomas: Christoph Berchtold, Manifestatio veritatis. Zum Offenbarungsbegriff bei Thomas von Aquin, Münster 2000; dazu aber auch meine Rezension, in: Ang 78 (2001) 745–749.

[210] Cf. Giuseppe Barone (Hrsg.), Il concetto di sapientia in San Bonaventura e San Tommaso, Palermo 1983; Marianne Schlosser, Bonaventura begegnen, Augsburg 2000, 37–48.

[211] Cf. Albertus Rohner, De natura theologiae juxta S. Albertum Magnum, in: Ang 16 (1939) 3–23.

[212] Meyer, De veritate, 516–517.

[213] Aristoteles, Anal. Post. I 2. Dazu: Ingemar Düring, Aristoteles. Darstellung und Interpretation seines Denkens, Heidelberg 1966, 110. Und: Thomas von Aquin, In Anal. Post. I 2 lect.4 n. 5.

[214] Ia q.1 a.2: „Omnis enim scientia procedit ex principiis per se notis."

[215] Cf. Adolf Hoffmann, Der Begriff des Mysteriums bei Thomas von Aquin, in: DT 17 (1939) 30–60.

[216] Ia q.1 a.2: „Et hoc modo sacra doctrina est scientia, quia procedit ex principiis notis lumine superioris scientiae, quae scilicet est scientia Dei et beatorum."

[217] Cf. John I. Jenkins, Knowledge and Faith, 51–77.

[218] Ibid.: „quaedam impressio divinae scientiae".

[219] Grabmann, Die theologische Erkenntnis- und Einleitungslehre des Thomas von Aquin, 128.

[220] Ia q.1 a.4: „sacra tamen doctrina comprehendit sub se utramque; sicut et Deus eadem scientia se cognoscit, et ea quae facit. Magis tamen est speculativa quam practica, quia principalius agit de rebus divinis quam de actibus humanis; de quibus agit secundum quod per eos ordinatur homo ad perfectam Dei cognitionem, in qua aeterna beatitudo consistit."

[221] Ia q.1 a.5: „Non enim accipit sua principia ab aliis scientiis, sed immediate a Deo per revelationem."

[222] Ia q.1 a.5: „nihil prohibet id quod est certius secundum naturam, esse quoad nos minus certum, propter debilitatem intellectus nostri, qui se habet ad manifestissima naturae, sicut oculus noctuae ad lumen solis, sicut dicitur in II Metaphys."

[223] Cf. Düring, Aristoteles, 110.

[224] Ia q.1 a.6: „Ut in genere aedificii, artifex qui disponit formam domus, dicitur sapiens et architector, respectu inferiorum artificum, qui dolant ligna vel parant lapides, unde dicitur I Cor. III, *ut sapiens architector fundamentum posui*."

[225] Ibid.: „Unde sacra doctrina maxime dicitur sapientia."

[226] Aristoteles, Phys. II 7; Thomas von Aquin, ScG III c.61. Auch: Albert Zimmermann, Thomas lesen, Stuttgart 2000, 91–92; Engelbert Recktenwald, Natürliche und übernatürliche Erkenntnis in Thomas von Aquins „Expositio super Librum Boethii De Trinitate", in: DocAng 1 (2001) 25–40.

[227] Dazu schreibt Heinrich M. Christmann in DThA 1 (1982) 324 gut: „Die alte Wissenschaftslehre spricht mit Aristoteles nicht von dem Objekt der Wissenschaft, sondern von ihrem Subjekt. Diesem Sprachgebrauch liegt der Gedanke zugrunde, dass die Konklusionen, die Lehrsätze, also das eigentliche Resultat der wissenschaftlichen Forschung, als Aussagen alle auf ein und dasselbe Satz-Subjet bezogen werden. Das Ziel der Wissenschaft ist dieses: von einem bestimmten Subjekt ein möglichst geschlossenes System von gesicherten, also notwendigen Aussagen aufzustellen. Unser ‚Gegenstand' ist daher identisch mit dem ‚Subjekt', auf das sich dieses ganze System von Aussagen bezieht."

[228] Ia q. 1 a.7: „illud est subiectum scientiae, de quo est sermo in scientia. Sed in hac scientia fit sermo de Deo, dicitur enim theologia, quasi sermo de Deo. Ergo Deus est subiectum huius scientiae ... Omnia autem pertractantur in sacra doctrina sub ratione Dei, vel quia sunt ipse Deus; vel quia habent ordinem ad Deum, ut ad principium et finem."

[229] Ia q.1 a.7: „res et signa": eine sehr eindeutige Anspielung auf den Sentenzenkommentar des Petrus Lombardus, dem das Schema „res et signa" zugrunde liegt und das – wie Thomas bereits in seinem Kommentar zu den Sentenzen deutlich macht – eine anthropozentrische Schwerkraft impliziert und zu wenig theozentrisch ist.

[230] Thomas selbst beschreibt diese Methode, die den analytischen und synthetischen Ansatz vereint, sehr schön in der Prima seiner Summa: Ia q.79 a.9.

[231] Mayer, De veritate, 254–315.

[232] ScG IV, cap. 2: „... fidei vero cognitio a Deo e converso divina revelatione descendit."

[233] Ia q.1 a.8 ad 2: „ Ad secundum dicendum quod argumentari ex auctoritate est maxime proprium huius doctrinae, eo quod principia huius doctrinae per revelationem habentur."

[234] Ibid.: „nam licet locus ab auctoritate quae fundatur super ratione humana, sit infirmissimus; locus tamen ab auctoritate quae fundatur super revelatione divina, est efficacissimus."

[235] Cf. dazu: Albert Lang, Die Gliederung und Reichweite des Glaubens nach Thomas von Aquin und den Thomisten. Ein Beitrag zur Klärung der thomistischen Begriffe: fides, haeresis und conclusio theologica, in: DT 20 (1942) 207–236. 335–346; 21 (1943) 79–97.

[236] Ia q.1 a.8 ad 2: „Utitur tamen sacra doctrina etiam ratione humana, non quidem ad probandum fidem, quia per hoc tolleretur meritum fidei; sed ad manifestandum aliqua alia quae traduntur in hac doctrina. Cum enim gratia non tollat naturam, sed perficiat, oportet quod naturalis ratio subserviat fidei; sicut et naturalis inclinatio voluntatis obsequitur caritati. Unde et apostolus dicit, II ad Cor. X, *in captivitatem redigentes omnem intellectum in obsequium Christi.* Et inde est quod etiam auctoritatibus philosophorum sacra doctrina utitur, ubi per rationem naturalem veritatem cognoscere potuerunt."

[237] Cajetan, In Iam q.1 a.2 nr. 3: „De ratione scientiae absolute est habere conclusiones visibiles in alio, id est in principiis."

[238] So auch Pesch, Thomas von Aquino/Thomismus/Neuthomismus, 453.

[239] In Boet. De Trin. q.2 a.3 ad 5: „Illi qui utuntur philosophicis documentis in Sacra Scriptura, redigendo in obsequium fidei, non miscent aquam vino, sed convertunt aquam in vinum."

[240] Ibid.: „Auctoritatibus autem canonicae Scripturae utitur proprie, ex necessitate argumentando ... Innititur enim fides nostra revelationi apostolis et prophetis factae, qui canonicos libros scripserunt."

[241] Ibid.: „Auctoritatibus autem aliorum doctorum Ecclesiae, quasi arguendo ex propriis, sed probabiliter."

[242] Ulrich Horst, Melchor Cano und Dominicus Báñez über die Autorität der Vulgata, in: MThZ 51 (2000) 331–350; Bernhard Körner, Die Geschichte als „locus theologicus" bei Melchor Cano, in: RivTheolLugano 5 (2000) 257–269.

[243] Cf. IIa–IIae q.5 a.3 ad 2: „Veritas prima proposita nobis in Scripturis secundum doctrinam ecclesiae intellectis sane."

[244] Aristoteles, Anal.post I, c.2.

[245] Ia q.1 a.9: „Et hoc est quod dicit Dionysius, I cap. caelestis hierarchiae, *impossibile est nobis aliter lucere divinum radium, nisi varietate sacrorum velaminum circumvelatum.*"

[246] Cf. dazu: David Berger, Aspekte der mystischen Theologie im Thomismus, in: DocComm n.s. 3 (2002) 33–69.

[247] IIa–IIae q.180 a.7: „Et quantum ad utrumque ejus delectatio omnem delectationem humanam excedit ..."

[248] Ia q.1 a.6 ad 3: „Primus igitur modus iudicandi de rebus divinis, pertinet ad sapientiam quae ponitur donum spiritus sancti secundum illud I Cor. II, *spiritualis homo iudicat omnia*, etc., et Dionysius dicit, II cap. de divinis nominibus, *Hierotheus doctus est non solum discens, sed et patiens divina*. Secundus autem modus iudicandi pertinet ad hanc doctrinam, secundum quod per studium habetur; licet eius principia ex revelatione habeantur."

[249] IIa–IIae q.180 a.6 ad 3: „… sicut modus circularis, carens principio et fine, uniformiter est circa idem centrum."

[250] „Neque aliud superest, nisi lumen gloriae, post Summam Thomae" hat der Jesuit Petrus Labbe in diesem Zusammenhang sehr schön geschrieben (zitiert nach Grabmann, Einführung in die Summa theologiae, 148).

[251] Ia q.1 a.10 ad 2: „Et ita etiam nulla confusio sequitur in sacra Scriptura, cum omnes sensus fundentur super unum, scilicet litteralem; ex quo solo potest trahi argumentum … Non tamen ex hoc aliquid deperit sacrae Scripturae, quia nihil sub spirituali sensu continetur fidei necessarium, quod Scriptura per litteralem sensum alicubi manifeste non tradat"; In Gal. c.IV lect. VII (Marietti nr. 254): „Cum enim eius auctor sit Deus, in cuius potestate est, quod non solum voces ad significandum accommodet …"

[252] Ia q.1 a.10: „Secundum ergo quod ea quae sunt veteris legis, significant ea quae sunt novae legis, est sensus allegoricus, secundum vero quod ea quae in Christo sunt facta, vel in his quae Christum significant, sunt signa eorum quae nos agere debemus, est sensus moralis, prout vero significant ea quae sunt in aeterna gloria, est sensus anagogicus." Dazu: B. Smalley, Use of the ,Spiritual' Senses of Scripture in Persuasion and Arguments by Scholars in the Middle Ages, in: RThAM 52 (1985) 44–63.

[253] Eine gewisse Ausnahme bildet hier der Psalmenkommentar, in dessen Prolog Thomas ausdrücklich erklärt, er werde alle Psalmen so erklären, „dass sie etwas von Christus und seiner Kirche bildlich darstellen". Der geistliche Sinn steht hier über dem Literalsinn!

[254] Cf. dazu die folgenden hilfreichen Arbeiten: Raymund Erni, Die Theologische Summe des Thomas von Aquin in ihrem Grundbau, 4 Bde., Luzern ¹1949; Gerardus M. Paris, Synopsis totius Summae Theologicae S. Thomae, Neapel ²1958; Peter Kreeft (Hrsg.), A Summa of the Summa. The Essential Pages of St. Thomas Aquinas' Summa Theologica, San Francisco 1990; John of St. Thomas, Introduction to the Summa Theologiae of Thomas Aquinas, Ed. by Ralph McInerny, San Francisco 2003.

[255] Ia q.3 prol.: „Sed quia de Deo scire non possumus quid sit, sed quid non sit, non possumus considerare de Deo quomodo sit, sed potius quomodo non sit."

[256] Vgl. Franciscus de Sylvestris Ferrariensis, Commentaria in Summam contra Gentiles, l.I, c.10, circa primum.

[257] Ia q.9 a.1: „quia supra ostensum est esse aliquod primum ens, quod Deum dicimus, et quod huiusmodi primum ens oportet esse purum actum absque permixtione alicuius potentiae, eo quod potentia simpliciter est posterior actu."

[258] Ia q.3 a.4: „Respondeo dicendum quod Deus non solum est sua essentia, ut

ostensum est, sed etiam suum esse. Quod quidem multipliciter ostendi potest. Primo quidem, quia quidquid est in aliquo quod est praeter essentiam eius, oportet esse causatum vel a principiis essentiae, sicut accidentia propria consequentia speciem, ut risibile consequitur hominem et causatur ex principiis essentialibus speciei; vel ab aliquo exteriori, sicut calor in aqua causatur ab igne. Si igitur ipsum esse rei sit aliud ab eius essentia, necesse est quod esse illius rei vel sit causatum ab aliquo exteriori, vel a principiis essentialibus eiusdem rei. Impossibile est autem quod esse sit causatum tantum ex principiis essentialibus rei, quia nulla res sufficit quod sit sibi causa essendi, si habeat esse causatum. Oportet ergo quod illud cuius esse est aliud ab essentia sua, habeat esse causatum ab alio. Hoc autem non potest dici de Deo, quia Deum dicimus esse primam causam efficientem. Impossibile est ergo quod in Deo sit aliud esse, et aliud eius essentia. Secundo, quia esse est actualitas omnis formae vel naturae, non enim bonitas vel humanitas significatur in actu, nisi prout significamus eam esse. Oportet igitur quod ipsum esse comparetur ad essentiam quae est aliud ab ipso, sicut actus ad potentiam. Cum igitur in Deo nihil sit potentiale, ut ostensum est supra, sequitur quod non sit aliud in eo essentia quam suum esse. Sua igitur essentia est suum esse. Tertio, quia sicut illud quod habet ignem et non est ignis, est ignitum per participationem, ita illud quod habet esse et non est esse, est ens per participationem. Deus autem est sua essentia, ut ostensum est. Si igitur non sit suum esse, erit ens per participationem, et non per essentiam. Non ergo erit primum ens, quod absurdum est dicere. Est igitur Deus suum esse, et non solum sua essentia."

[259] Cf. M. Nardone, Il Problema del ‚Desiderium naturale videndi Deum‘ nella prospettive di Fabro, in: Sapienza 50 (1997) 173–240; Meyer, De veritate, 72–76.

[260] Cf. etwa: Karl Rahner, Der dreifaltige Gott als transzendenter Urgrund der Heilsgeschichte, in: Johannes Feiner/Magnus Löhrer (Hrsg.), Mysterium Salutis, Bd. 2, Einsiedeln 1967, 317–368.

[261] Pesch, Thomas von Aquin, 183.

[262] Ia q. 11 a. 4 s. c.: „Sed contra est quod dicit Bernardus, quod *inter omnia quae unum dicuntur, arcem tenet unitas divinae Trinitatis.*"

[263] Cf. Berger, Aspekte der mystischen Theologie im Thomismus, 33–69.

[264] Cf. Rolf Schönberger, Thomas von Aquin zur Einführung, Hamburg ¹1998, 70–76.

[265] Cf. Antonio Piolanti (Hrsg.), S. Tommaso d'Aquino „Doctor Humanitatis", 6 Bde., Vatikanstadt 1991.

[266] Cf. dazu: Santiago Ramírez, De hominis beatitudine, 3 Bde., Salamanca 1942–1947.

[267] Cf. Alexander Brungs, Metaphysik der Sinnlichkeit. Das System der *Passiones Animae* bei Thomas von Aquin, Halle 2003 (vgl. dazu meine Besprechung in: Ang. 80 [2003] 755–760); Weisheipl, Thomas von Aquin, 241: „… bei weitem alles übertrifft, was frühere und manche moderne Theologen und Philosophen geschrieben haben."

[268] Cf. dazu: Ulrich Horst, Die Gaben des Heiligen Geistes nach Thomas von Aquin, Berlin 2001, 71–166.

[269] Ia–IIae q.106 a.1: „et ideo principaliter lex nova est ipsa gratia Spiritus Sancti, quae datur Chistifidelibus". Dazu auch: Matthew Levering, Christ's Fulfillment of Torah and Temple. Salvation according to Thomas Aquinas, Notre Dame 2002.

[270] Thomas Albert Deman, Kommentar zu Ia-IIae qq.106–114, in: DThA 14 (1955) 114.

[271] IIa–IIae prol.: „Est autem considerandum circa primum quod, si seorsum determinaremus de virtutibus, donis, vitiis et praeceptis, oporteret idem multoties dicere, qui enim sufficienter vult tractare de hoc praecepto, non moechaberis, necesse habet inquirere de adulterio, quod est quoddam peccatum, cuius etiam cognitio dependet ex cognitione oppositae virtutis. Erit igitur compendiosior et expeditior considerationis via si simul sub eodem tractatu consideratio procedit de virtute et dono sibi correspondente, et vitiis oppositis, et praeceptis affirmativis vel negativis ... Sic igitur tota materia morali ad considerationem virtutum reducta, omnes virtutes sunt ulterius reducendae ad septem, quarum tres sunt theologicae, de quibus primo est agendum; aliae vero quatuor sunt cardinales, de quibus posterius agetur ... unde in consideratione alicuius virtutis cardinalis considerabuntur etiam omnes virtutes ad eam qualitercumque pertinentes et vitia opposita. Et sic nihil moralium erit praetermissum."

[272] Cf. Horst, Die Lehrautorität des Papstes, passim.

[273] Grabmann, Einführung in die Summa theologiae, 165.

[274] IIIa prol.: „Quia salvator noster dominus Iesus Christus, teste Angelo, *populum suum salvum faciens a peccatis eorum*, viam veritatis nobis in seipso demonstravit, per quam ad beatitudinem immortalis vitae resurgendo pervenire possimus, necesse est ut, ad consummationem totius theologici negotii, post considerationem ultimi finis humanae vitae et virtutum ac vitiorum, de ipso omnium salvatore ac beneficiis eius humano generi praestitis nostra consideratio subsequatur."

[275] Cf. Luigi Iammarone, La visione beatifica di Cristo Viatore nel pensiero di san Tommaso, in: Doctor communis 36 (1983) 287–320; Berger, Thomas von Aquin begegnen, 151–152.

[276] Cf. Albert Patfoort, L'unité d'être dans le Christ d'après S. Thomas, Paris 1964; David Berger, Die Menschwerdung des ewigen Wortes – Aktuelle Aspekte der thomistischen Christologie, in: FKTh 19 (2003) 14–38.

[277] Cf. Dalmazio Mongillo, Maria nel trattato sui misteri della vita di Gesù Cristo: Tommaso d'Aquino, Summa Theologiae IIIa qq. 27–34, in: C. M. Piastra (Hrsg.), Gli studi di mariologia medievale. Bilancio storiografico, Florenz 2001, 305–319.

[278] Weisheipl, Thomas von Aquin, 288.

[279] Pesch, Thomas von Aquino/Thomismus/Neuthomismus, 457.

[280] Clemens Baeumker, Studien und Charakteristiken zur Geschichte der Philosophie insbesondere des Mittelalters, Münster 1927, 115–121. Dazu auch: Clemens Suermondt, Le texte Léonine de la prima pars de S. Thomas. Sa révision future et la critique de Baeumker, in: Mélanges Mandonnet, Paris 1930, 19–50.

[281] Cf. dazu etwa die interessanten Arbeiten: M. Turrini, Raynald de Piperno et le texte original de la Tertia Pars de la Somme de Théologie de S. Thomas d'Aquin, in: RScPhTh 73 (1989) 233–247; Pierre-Marie Gy, Le texte original de la Tertia pars de la Somme théologique de S. Thomas d'Aquin dans l'apparat critique de l'édition léonine, in: RScPhTh 65 (1981) 608–616.

[282] Cf. dazu: Matthias Rackl, Die griechische Übersetzung der Summa theologiae des hl. Thomas von Aquin, in: Byzantinische Zeitschrift 24 (1923) 48–60; Nicola Franco, I codici Vaticani della versione greca delle opere di s. Tommaso d'Aquino, Rom 1893.

[283] Sarto-Verlag: Stuttgart 2003.

[284] Schneider, Die katholische Wahrheit, Bd. I, Regenburg 1886, LXXIV.

[285] Ibid.

[286] Joseph Bernhart (Hrsg.), Thomas von Aquino: Summe der Theologie, 3 Bde., Stuttgart [4]1985.

[287] Die Deutsche Thomas-Ausgabe. Vollständige, ungekürzte deutsch-lateinische Ausgabe der Summa theologica. Übersetzt und kommentiert von den Dominikanern und Benediktinern Deutschlands und Österreichs, (Heidelberg –) Graz – Wien – Köln 1933 ff.

[288] Zitiert nach: Nachwort (1981), in: ibid., Bd. I, 550.

[289] Thomas von Aquin, Fünf Fragen über die intellektuelle Erkenntnis. Übersetzt und erklärt von E. Rolfes, Hamburg 1977.

[290] Thomas von Aquin, Über die Sittlichkeit der Handlung. Summa Theologiae I–II q.18–21. Einleitung von Robert Spaemann. Übersetzung und Kommentar von Rolf Schönberger, Dietzingen [2]2001.

[291] Thomas von Aquin, Die Hoffnung. Theologische Summa II–II. Fragen 17–22. Übersetzt von Josef F. Groner. Anmerkung und Kommentar von Arthur F. Utz, Freiburg/Breisgau 1988.

[292] Arthur Fridolin Utz, Religion – Opfer – Gebet – Gelübde, Paderborn 1998.

Abkürzungsverzeichnis

Werke des Thomas

De unit. intell.	De unitate intellectus contra Averroistas
De ver.	Quaestiones disputatae de veritate
In Boet	In Boetium de Trinitate expositio
In Met	In duodecim libris metaphysicorum Aristotelis expositio
In Perih.	In Aristotelis libros peri hermeneias.
ScG	Summa contra gentiles
Sent	Sentenzenkommentar

Sekundärliteratur

AHDL	Archives d'Histoire doctrinale et littéraire du Moyen-âge, Paris 1926 ff.
Ang	Angelicum. Periodicum trimestre Pontificiae Studiorum Universitatis a Sancto Thoma Aquinate in Urbe, Rom 1926 ff.
BBKL	Biographisch-Bibliographisches Kirchenlexikon, Hamm 1975 ff.
DH	Denzinger-Hünermann, Enchiridion symbolorum, definitionum et declarationum de Rebus fidei et morum, Freiburg/Breisgau [37]1991.
Div	Divinitas. Pontificiae Academiae Theologicae Romanae Commentarii, Vatikan 1957 ff.
DocAng	Doctor Angelicus. Internationales Thomistisches Jahrbuch, Köln 2001 ff.
DocComm	Doctor Communis. Rivista Quadrimestrale della Pontificia Accademia di s. Tommaso d'Aquino e di Religione Cattolica, Vatikan 1957 ff.
DT	Divus Thomas. Jahrbuch für Philosophie und speculative Theologie, Paderborn – Wien – Freiburg/Schweiz 1886 ff.
DT (P)	Divus Thomas, Piacenza 1880 ff.
DThA	Die Deutsche Thomas-Ausgabe. Vollständige, ungekürzte deutsch-lateinische Ausgabe der Summa theologica. Übersetzt und kommentiert von den Dominikanern und Benediktinern Deutschlands und Österreichs, (Heidelberg –) Graz – Wien – Köln 1933 ff.

EthL	Ephemerides Theologicae Lovaniensis, Brügge 1924 ff.
FKTh	Forum Katholische Theologie, Aschaffenburg – Rothenburg 1984 ff.
FZPhTh	Freiburger Zeitschrift für Philosophie und Theologie, Freiburg/Schweiz 1954 ff.
Greg	Gregorianum, Rom 1920 ff.
MS	Mediaeval Studies, Toronto 1939 ff.
MThZ	Münchener Theologische Zeitschrift, München – St. Ottilien 1950 ff.
RivFilN	Rivista di filosofia neoscolastica, Mailand 1909 ff.
RivTheolLugano	Rivista Teologica di Lugano, Lugano 1995 ff.
RScPhTh	Revue de sciences philosophiques et théologiques, Paris 1907 ff.
RThAM	Recherches de Théologie ancienne et médiévale, Löwen 1929 ff.
RThom	Revue Thomiste, Toulouse – Paris 1893 ff.

Literaturverzeichnis

Die Summa theologiae wird nach der Leonina (s. o.) zitiert, die deutschen Übersetzungen stammen (z. T. mit kleineren sprachlichen Veränderungen) aus der Deutschen Thomas-Ausgabe (s. o.).

Ackeren, G. F. van: Sacra Doctrina. The Subject of the First Question of the STh of St. Thomas Aquinas, Rom 1952.

Aillet, Marc: Lire la Bible avec saint Thomas. Le passage de la *littera* à la *res* dans la Somme Théologique, Freiburg/Schweiz 1993.

Alszeghy, Z.: Die Einteilung des Textes in mittelalterlichen Summen, in: Greg 27 (1946) 26–62.

Anzulewicz, Henryk: Neuere Forschung zu Albertus Magnus, in: RTPMA 66/1 (1999) 163–206.

–: Die Rekonstruktion der Denkstruktur des Albertus Magnus. Skizze und Thesen eines Forschungsprojektes, in: ThGl 90 (2000) 602–612.

Baglow, Christopher: „Modus et forma". A new approach to the Exegesis of Saint Tomas Aquinas, Rom 2002.

Bardy, Gustave: Sur les sources patristiques grecques de Saint Thomas dans la Ière partie de la Somme Théologique, in: RScPhTh 12 (1923) 493–502.

Barone, Giuseppe (Hrsg.): Il concetto di *sapientia* in San Bonaventura e San Tommaso, Palermo 1983.

Bedouelle, Guy u. a. (Hrsg.): Jean Capreolus en son temps (1380–1444), Paris 1997.

Bellemare, R.: La Somme de théologie et la lecture de la Bible, in: Eglise et Théologie 5 (1974) 257–270.

Berchtold, Christoph: Manifestatio veritatis. Zum Offenbarungsbegriff bei Thomas von Aquin, Münster 2000.

Berger, David: Die Schule des hl. Thomas. Vorarbeiten zu einer Geschichte des Thomismus strikter Observanz, Teil I, in: Div 44 (2001) 17–41. Teil II, Div 45 (2002) 50–83.

–: Thomas von Aquin begegnen, Augsburg 2002.

–: Aspekte der mystischen Theologie im Thomismus, in: DocComm n. s. 3 (2002) 33–69.

–: Auf der Suche nach dem „Wesen" des Thomismus. Ein Beitrag zur Geschichte des Thomismus, in: Ang 79 (2002) 585–645.

–: Die Menschwerdung des ewigen Wortes – Aktuelle Aspekte der thomistischen Christologie, in: FKTh 19 (2003) 14–38.

Bernard, A.: Présentation de la Somme théologique, Avignon 1954.

Berndt, R.: La Théologie comme système du monde. Sur l'évolution de la structure des sommes de théologie de Hugues de St.-Victor à saint Thomas, in: RScPhTh 78 (1994) 555–572.

Berthier, Joachim: L'Étude de la Somme théologique de Saint Thomas d'Aquin, Paris 1906.

Biffi, Inos: Il piano della Summa Teologia e la teologia, come scienza e come storia, in: Id., Teologia, storia e contemplazione, Mailand 1995.

Blanche, F. A.: Le vocabulaire de l'argumentation et la structure de l'article dans les ouvrages de saint Thomas, in: RScPhTh 14 (1925) 167–187.

Bonhoeffer, Thomas: Die Gotteslehre des Thomas von Aquin als Sprachproblem, Tübingen 1961

Boyle, Leonard E.: Id.: Alia lectura fratris Thomae, in: MS 45 (1983) 418–429.

–: The Setting of the Summa theologiae of Saint Thomas, Toronto 1982.

–: Alia lectura fratris Thome, in: MS 45 (1983) 418–429.

–: The Setting of the Summa Theologiae of St. Thomas – Revisited, in: Pope, Stephen J. (Hrsg.): The Ethics of Aquinas (Moral Traditions Series), Washington D.C. 2002, 1–16.

Brungs, Alexander: Metaphysik der Sinnlichkeit. Das System der Passiones Animae bei Thomas von Aquin, Halle 2003.

Callus, D. A.: Les sources de saint Thomas d'Aquin. Etat de la question, in: P. Moraux (Hrsg.), Aristote et saint Thomas d'Aquin, Löwen – Paris 1957, 93–174.

Cappelluti, G.: Fra Pietro di Andria e i Segretari di San Tommaso, in: Memorie Domenicane 6 (1975) 151–165.

Capponi a Porreta, Serafino: Elucidationes formales in Summam theologiae S. Thomae de Aquino, 5 Bde., Venedig ¹1588.

Carpin, A.: La Redenzione in Origene, S. Anselmo e S. Tommaso, in: Sacra Doctrina 45 (2000) 7–222.

Catan, J. R.: Aristotele e San Tommaso intorno all'*actus essendi*, in: RivFN 73 (1981) 639–655.

Cessario, Romanus: Le Thomisme et les Thomistes, Paris 1999.

Chenu, Marie-Dominique: Le plan de la Somme théologique de saint Thomas, in: RThom 47 (1939) 93–107.

–: Das Werk des hl. Thomas von Aquin, Graz 1960.

–: Der Plan der Summa (1939), in: Klaus Bernath (Hrsg.), Thomas von Aquin, Bd. I, Darmstadt 1978, 173–195.

Cloes, Henry: La systématisation théologique pendant la première moitié du XIIᵉ siècle, in: EThL 34 (1958) 277–329.

Colish, Marcia L.: Systematic Theology and Theological Renewal in the Twelfth Century, in: Journal of medieval and renaissance studies 18 (1988) 135–156.

–: Peter Lombard, 2 Bde., Leiden 1994.

Congar, Yves: Le sens de l'„économie" salutaire dans la théologie de S. Thomas d'Aquin, in: Erwin Iserloh (Hrsg.), Festgabe Joseph Lortz, Bd. II, Baden-Baden 1958, 73–122.

Conticello, C. G.: San Tommaso ed i Patri, in: AHDL 65 (1990) 31–92.

Corbett, John D.: Sacra doctrina and the discernment of human action, Freiburg/Schweiz 1999.

Courtine, J. F.: Philosophie et Théologie. Remarque sur la situation aristotélicienne de la détermination thomiste de la *Theologia*, in: Revue Philosophique de Louvain 84 (1986) 315–344.

Dauphinais, Michael & Levering, Matthew: Knowing the Love of Christ. An Introduction to the Theology of St. Thomas Aquinas, Notre Dame/Indiana 2002.

Demetracopolous, John A.: Georgios Gennadios II-Scholarios' „Florilegium Thomisticum". His Early Abridgment of Various Chapters and Quaestiones of Thomas Aquinas' Summae and his Anti-Plethonism, in: RTAM 64 (2002) 117–170.

Dempf, Alois: Die Hauptform mittelalterlicher Weltanschauung. Eine geisteswissenschaftliche Studie über die Summa, München – Berlin 1925.

Diersberg, Roeder von: Aristoteleszitate bei Thomas von Aquin, in: DT 31 (1953) 328–348.

Dondaine, Antoine: Secrétaires de saint Thomas, Rom 1956.

–: Die Sekretäre des hl. Thomas, in: Klaus Bernath (Hrsg.), Thomas von Aquin, Bd. 1, Darmstadt 1978, 396–410.

Dondaine, H.-F.: Alia lectura fratris Thomae?, in: MS 42 (1980) 308–336.

Dopler, Emil: Falsche Väterzitate bei Thomas von Aquin. Gregorius, Bischof von Nyssa oder Nemesius, Bischof von Emesa?, Freiburg/Schweiz 2001.

Dörholt, Bernhard: Der Predigeroden und seine Theologie, Paderborn 1917.

Dozois, C.: Sources patristiques chez saint Thomas d'Aquin, in: Revue de l'Université d'Ottawa 33 (1963) 28–48. 145–167. 34 (1964) 231–241. 35 (1965) 75–90.

Düring, Ingemar: Aristoteles. Darstellung und Interpretation seines Denkens, Heidelberg 1966, 110.

Elders, Leo: Die Metaphysik des Thomas von Aquin in historischer Perspektive, 2 Bde., Salzburg – München 1986–1987.

–: Les citations de saint Augustin dans la Somme théologique de Saint Thomas d'Aquin, in: DocComm 42 (1987) 115–165.

–: Saint Thomas d'Aquin et Aristote, in: RThom 88 (1988) 357–376.

–: La méthode suivie par saint Thomas d'Aquin dans la composition de la Somme de théologie, in: Nova et vetera 66 (1991) 178–192.

–: Averroès et saint Thomas d'Aquin, in: DocComm 45 (1992) 46–56

–: Thomas Aquinas and the Fathers of the Church, in: Irena Backus (Hrsg.), The Reception of the Church Fathers in the West, Leiden u. a. 1997, 337–366.

–: Der Dialog beim hl. Thomas von Aquin, in: DocAng 2 (2002) 34–56.

Erni, Raymund: Die Theologische Summe des Thomas von Aquin in ihrem Grundbau, 4 Bde., Luzern 11949.

Eschmann, Ignatius T.: A Catalogue of St. Thomas Works, in: Etienne Gilson, The Christian Philosophy of St. Thomas Aquinas, New York 1956, 380–389.

Gaboriau, Florent: Au seuil de la Somme. Un quiproquo chez Thomas d'Aquin?, Paris 1999.

Gagnebet, Rosarius: De natura theologiae ejusque methodo secundum sanctum Tomam. Expositio litteralis Sancti Thomae, 3 Bde., Rom 1952.

García Cuadrado, José Angel: Domingo Báñez (1528–1604). Introducción a su obra filosófica y teológica, Pamplona 1999.

Garrigou-Lagrange, Réginald: De methodo Sancti Thomae speciatim de structura articulorum Summae Theologiae, in: Ang 5 (1928) 499–524.

–: De Deo uno. Commentarium in primam partem S. Thomae Aquinatis, Turin – Paris ²1950.

Gauthier, René-Antoine: Quelques questions à propos du commentaire de S. Thomas sur le „De anima", in: Ang 51 (1974) 419–472.

Geenen, C. G.: Le fonti patristiche come 'autorità' nella teologia di San Tommaso, in: Sacra Doctrina 20 (1975) 7–17.

Giovanni, Alberto di: San Tommaso, il Maggiore degli „Agostiniani"?, in: Studi tomistici 17 (1982) 86–106.

Glorieux, P.: Pour la chronologie de la Somme, in: MSR 2 (1945) 59–98.

Grabmann, Martin: Einführung in die Summa theologiae des heiligen Thomas von Aquin, Freiburg/Br. 1928.

–: Der Einfluss Alberts des Großen auf das mittelalterliche Geistesleben, in: Id., Mittelalterliches Geistesleben, Bd. II, München 1935, 324–412.

–: Hilfsmittel des Thomasstudiums aus alter Zeit. Auf Grund handschriftlicher Forschungen dargestellt, in: Id., Mittelalterliches Geistesleben. Abhandlungen zur Geschichte der Scholastik und Mystik, Bd. II, München 1935, 424–489.

–: Die theologische Erkenntnis- und Einleitungslehre des hl. Thomas von Aquin, Freiburg/Schweiz 1948.

–: Thomas von Aquin. Persönlichkeit und Gedankenwelt, München ⁸1949.

–: Geschichte der scholastischen Methode, 2 Bde., ND Graz 1957.

–: Geschichte der Theologie seit dem Ausgang der Väterzeit, ND Darmstadt 1961.

Gratsch, E. J.: Aquinas' Summa. An Introduction and Interpretation, New York 1985.

Grillmeier, Alois: Vom Symbolum zur Summa, in: J. Betz u. a. (Hrsg.), Kirche und Überlieferung (Festschrift Geiselmann), Freiburg/Br. 1950, 156–164.

Gumann, Markus: Vom Ursprung der Erkenntnis des Menschen bei Thomas von Aquin, Regensburg 1999.

Gunten, François von: Gibt es eine zweite Redaktion des Sentenzenkommentars?, in: Klaus Bernath (Hrsg.), Thomas von Aquin, Bd. I: Chronologie und Werkanalyse, Darmstadt 1978, 313–348.

Gy, Pierre-Marie: Saint Thomas d'Aquin à la recherche de livres, in: RScPhTh 86 (2002) 437–441.

Hayen, André: S. Thomas a-t-il édité deux fois son Commentaire sur le livre des Sentences?, in: RTAM 9 (1937) 219–236.

–: Thomas von Aquin gestern und heute, Frankfurt a. M. 1953.

Heath, Th. R.: Aristotelian Influence in Thomistic Wisdom. A comparative study, Washington D.C. 1956.

Heinzmann, Richard: Die Summe „Colligite fragmenta" des Magisters Hubertus. Ein Beitrag zur theologischen Systembildung in der Scholastik, München u. a. 1974.

–: Die Theologie auf dem Weg zur Wissenschaft, in: Klaus Bernath (Hrsg.), Thomas von Aquin, Bd. I, Darmstadt 1978, 453–469.

Hill, William J.: St. Thomas Aquinas teacher, in: The Thomist 66 (2002) 9–13.

Hödl, Ludwig: Die Geschichte der „Editio Leonina" der Werke des Thomas von Aquin und die Geschichte der mediävistischen Textkritik, in: id. (Hrsg.), Probleme der Edition mittel- und neulateinischer Texte, Boppard 1978, 75–78.

Hoffmann, Adolf: Der Begriff des Mysteriums bei Thomas von Aquin, in: DT 17 (1939) 30–60.

Hoping, Helmut: Weisheit als Wissen des Ursprungs. Philosophie und Theologie in der „Summa contra gentiles" des Thomas von Aquin, Freiburg/Breisgau 1997.

Horst, Ulrich: Melchor Cano und Dominicus Báñez über die Autorität der Vulgata, in: MThZ 51 (2000) 331–350.

–: Die Lehrautorität des Papstes und die Dominikanertheologen der Schule von Salamanca, Berlin 2003.

Horvath, Alexander M.: Die Summa theologica des hl. Thomas von Aquin als Textbuch, in: DT 2 (1915) 173–195.

Imbach, Ruedi: Summa, in: ³LThK IX (2000) 1112–1117.

Izquierdo Labeaga, José A.: Alcune fonti dell'antropologia di san Tommaso, in: Alpha-Omega 5 (2002) 255–288.

Jansen, Ludger: Was hat der inkarnierte Logos mit Aristoteles zu tun? Thomas von Aquins Gebrauch der Philosophie in der Auslegung des Johannesprologs und eine holistische Interpretation seiner Schrifthermeneutik, in: Theologie und Philosophie 75 (2000) 89–99.

Jenkins, John I.: Knowledge and Faith in Thomas Aquinas, Cambridge 1997.

Johannes a S. Thoma.: Isagoge ad D. Thomae Theologiam, in: Cursus theologicus in Summam theologicam D. Thomae, Bd. I, Ed. Paris 1883.

Johnson, M. F.: Alia lectura fratris thome. A list of the New Texts found in Lincoln College, Oxford, M. S. Lat. 95, in: RThAM 57 (1990) 34–61.

Johnstone, Brian: The Debate on the Structure of the Summa Theologiae of St. Thomas Aquinas: from Chenu (1939) to Metz (1998), in: Paul Van Geest u. a. (Hrsg.), Aquinas as Authority, Löwen 2002, 187–200.

Kaczor, Christopher: Thomas Aquinas on the development of doctrine, in: Theological Studies 62 (2001) 283–302.

Knoch, W.: Die theologische Summa. Zur Bedeutung einer hochmittelalterlichen Literaturgattung, in: U. Schaefer (Hrsg.), Artes im Mittelalter, Berlin 1999, 151–160.

Körner, Bernhard: Die Geschichte als „locus theologicus" bei Melchor Cano, in: RivTheolLugano 5 (2000) 257–269.

Kreeft, Peter (Hrsg.): A Summa of the Summa. The Essential Pages of St. Thomas Aquinas' Summa Theologica, San Francisco 1990.

Kropp, Angelikus: Kommentar zur Summa theologiae Ia qq.65–74, in: DThA 5 (1934) 151–252.

Lais, Hermann: Die Gnadenlehre des heiligen Thomas in der Summa Contra Gentiles und der Kommentar des Franziskus Sylvestris von Ferrara, München 1951.

Landgraf, Arthur: Eine neuentdeckte Summe aus der Schule des Praepositinus, in: CFr 1 (1931) 310–312.

Lang, Albert: Die Gliederung und Reichweite des Glaubens nach Thomas von Aquin und den Thomisten. Ein Beitrag zur Klärung der thomistischen Begriffe: *fides, haeresis* und *conclusio theologica*, in: DT 20 (1942) 207–236. 335–346; 21 (1943) 79–97.

Legendre, A.: Introduction à l'étude de la Somme théologique de saint Thomas d'Aquin, Paris 1923.

Leinsle, Ulrich G.: Einführung in die scholastische Theologie, Paderborn 1995.

Levering, Matthew: Contemplating God: YHWH and being in the theology of St Thomas Aquinas, in: The Irish theological quarterly 67 (2002) 17–31.

–: Christ's Fulfillment of Torah and Temple. Salvation according to Thomas Aquinas, Notre Dame 2002.

Maritain, Jacques: Distinguer pour unir ou Les Degrés du Savoir, Paris ⁵1948.

Marschler, Thomas: Auferstehung und Himmelfahrt Christi in der scholastischen Theologie bis zu Thomas von Aquin (BGPhThMA, Bd. 64), 2 Bde., Münster 2003.

Masnovo, A.: Introduzione alla Somma teologica di San Tommaso d'Aquino, Turin 1919.

Mayer, Rupert Johannes: De veritate: Quid est? Vom Wesen der Wahrheit. Ein Gespräch mit Thomas von Aquin, Freiburg/Schweiz 2002.

Merl, Otho: Theologia Salmanticensis. Untersuchung über Entstehung, Lehrrichtung und Quellen des theologischen Kurses der spanischen Karmeliten, Regensburg 1947.

Metz, Wilhelm: Die Architektonik der Summa Theologiae des Thomas von Aquin, Hamburg 1998.

–: Summe, in: Joachim Ritter u. a. (Hrsg.), Historisches Wörterbuch der Philosophie, Bd. 10, Darmstadt 1998, 588–592.

Michelitsch, Anton: Kommentatoren zur Summa Theologiae des Thomas von Aquin (1923), ND Hildesheim – New York 1981.

Mongillo, Dalmazio: Maria nel trattato sui misteri della vita di Gesù Cristo: Tommaso d'Aquino, Summa Theologiae III QQ.27–34, in: C. M. Piastra (Hrsg.), Gli studi di mariologia medievale: bilancio storiografico, Florenz 2001, 305–319.

O'Brien, T. C.: „Sacra doctrina" revisited. The context of medieval education, in: The Thomist 41 (1977) 475–509.

Ofilada Mina, M.: The Role of the Teacher as a condescending Mediator as Viewed from Aquinas's notion of *Sacra Doctrina* and its Bearing on the Nature of the Theological Enterprise, in: Ang 77 (2000) 373–396.

O'Meara, Thomas F.: The School of Thomism at Salamanca, in: Ang 71 (1994) 321–370.

–: Thomas Aquinas Theologian, Notre Dame/Indiana 1997.

Owens, J.: The Conclusion of the Prima Via, in: Modern Schoolman 30 (1952) 33–53. 109–121. 203–215.

Papadis, Dimitros: Die Rezeption der Nikomachischen Ethik des Aristoteles bei Thomas von Aquin, Frankfurt a. M. 1980.

Paris, Gerardus M.: Synopsis totius Summae Theologicae S. Thomae, Neapel ²1958.

Patfoort, A.-M.: L'unité d'être dans le Christ d'après S. Thomas, Paris 1964.

–: Saint Thomas d'Aquin. Les clés d'une théologie, Paris 1983.

Perger, Mischa von: Theologie und Werkstruktur bei Thomas von Aquin. Wilhelm Metz' Studie zur Summa theologiae, in: FZPhTh 48 (2001) 191–207.

Pesch, Otto Hermann: Um den Plan der Summa Theologiae des hl. Thomas von Aquin, in: Klaus Bernath (Hrsg.), Thomas von Aquin, Bd. I, Darmstadt 1978, 411–437.

–: Einleitung, in: DThA 13 (1977) 7–14.

–: Thomas von Aquin. Grenze und Größe mittelalterlicher Theologie, Mainz ³1988, 83–106.

–: Thomas von Aquino/Thomismus/Neuthomismus, in: ³TRE XXXIII (2002) 433–474.

–: Saint Thomas d'Aquin: Une théologie scientifique et confessante, in: François Bousquet u. a. (Hrsg.), La responsabilité des théologiens. Mélanges offerts à Joseph Doré, Paris 2002, 633–645.

Philippe, M.-D.: Reverentissime exponens frater Thomas, in: FZPhTh 12 (1965) 240–258.

Philippe, P.: Le plan des Sentences de Pierre Lombard d'après S. Thomas, in: Bulletin Thomiste 3 (1930–33) 131–154.

Pietrosanti, R.: Tra Anselme e Tommaso. Due concezioni di Dio, in: Ang 77 (2000) 125–164.

Ploeg, J. van der: The place of the Holy Scripture in the theology of St. Thomas, in: Thomist 10 (1947) 398–422.

Portmann, Adolf: Das System der Theologischen Summe des hl. Thomas von Aquin, Luzern ²1903.

Principe, Walter H.: Thomas Aquinas' Principles for Interpretation of Patristic Texts, in: StMC 8/9 (1976) 11–121.

Rahner, Karl: Der dreifaltige Gott als transzendenter Urgrund der Heilsgeschichte, in: Johannes Feiner/Magnus Löhrer (Hrsg.), Mysterium Salutis, Bd. 2, Einsiedeln 1967, 317–368.

Ramírez, Santiago: Introducción General a la Suma Teológica de Santo Tomás de Aquino, Madrid 1947.

Reboiras, Fernando D.: Die Schule von Salamanca, in: Margot Schmidt (Hrsg.), Von der Suche nach Gott (FS Riedlinger), Stuttgart 1998, 463–487.

Recktenwald, Engelbert: Natürliche und übernatürliche Erkenntnis in Thomas von Aquins „Expositio super Librum Boethii De Trinitate", in: DocAng 1 (2001) 25–40.

Reyero, Maximino Arias: Thomas von Aquin als Exeget, Einsiedeln 1971.

Rhonheimer, Martin: Praktische Vernunft und Vernünftigkeit der Praxis. Handlungstheorie bei Thomas von Aquin in ihrer Entstehung aus dem Problemkontext der aristotelischen Ethik, Berlin 1994.

Rohner, Albertus: De natura theologiae juxta S. Albertum Magnum, in: Ang 16 (1939) 3–23.

Rossi, M. M.: Teoria e metodo esegetici in S. Tommaso d'Aquino, Rom 1992.

Ruello, Francis: Saint Thomas et Pierre Lombard. Les relations trinitaires et la structure du commentaire des Sentences des saint Thomas d'Aquin, in: Studi tomistici 1 (1974) 176–209.

Saffrey, H.-D.: Saint Thomas d'Aquin et ses secrétaires, in: RScPhTh 41 (1951) 49–74.

Schillebeeckx, Edward: De sacramentele Heilseconomie, Antwerpen 1952, 2–18.

Schlosser, Marianne: Bonaventura begegnen, Augsburg 2000, 37–48.

Schneider, Ceslaus M.: Die katholische Wahrheit oder die theologische Summa des heiligen Thomas von Aquin deutsch wiedergegeben, 12 Bde., Regensburg 1886–1892. Unveränderter Reprint: Stuttgart 2003.

Schönberger, Rolf: Thomas von Aquin zur Einführung, Hamburg ¹1998.

–: Thomas von Aquins „Summa contra gentiles", Darmstadt 2001.

Seckler, Max: Das Heil in der Geschichte. Geschichtstheologisches Denken bei Thomas von Aquin, München 1964.

Shin, Chang-Suk: „Imago Dei" und „natura hominis", Würzburg 1993.

Smalley, B.: Use of the ‚Spiritual‘ Senses of Scripture in Persuasion and Arguments by Scholars in the Middle Ages, in: RThAM 52 (1985) 44–63.

Smith, Timothy L. (Hrsg.), Aquinas's Sources. The Notre Dame Symposium, South Bend – Chicago 2003.

Solere, Jean-Luc: Thomistes et antithomistes, in: RThom 105 (1997) 219–245.

Stegmüller, Friedrich: Summen, in: ³RGG VI (1962) 525.

Torrell, Jean-Pierre: Magister Thomas. Leben und Werk des Thomas von Aquin, Freiburg/Breisgau 1995.

–: La vision de Dieu per essentiam selon saint Thomas d'Aquin, in: Micrologus 5 (1997) 43–68.

–: La „Somme de théologie" de saint Thomas d'Aquin, Paris 1998.

Ude, Johannes: Die Autorität des hl. Thomas von Aquin als Kirchenlehrer und seine Summa Theologica, Salzburg 1932.

Utz, Arthur Fridolin: Religion – Opfer – Gebet – Gelübde, Paderborn 1998.

Valkenberg, Wilhelmus: Words of the Living God. Place and Function of Holy Scripture in the Theology of St. Thomas Aquinas, Utrecht – Löwen 2000.

Van Geest, Paul u. a. (Hrsg.), Aquinas as Authority, Löwen 2002.

Vansteenkiste, Clemente: Le fonti del pensiero di Tommaso d'Aquino nella Somma Teologica, Mailand 1979.

Walz, Angelus: San Tommaso d'Aquino dichiarato dottore della Chiesa nel 1567, in: Ang 44 (1967) 145–173.

–: De genuino titulo „Summa theologiae", in: Ang 18 (1941) 142–151.

Weisheipl, James A.: The meaning of Sacra Doctrina in Summa Theologiae I, q.1, in: Thomist 38 (1974) 49–80.

–: Thomas d'Aquino and Albert, his teacher, Montreal 1980.

–: Thomas von Aquin. Sein Leben und seine Theologie. Übersetzt von P. Gregor Kirstein OP, Graz u. a. 1980.

White, V.: Holy Teaching. The idea of theology according to St. Thomas Aquinas, London 1958.

Wilms, H.: Konrad Köllin als Thomaskommentator, in: DT 15 (1937) 33–42.

Wyser, Paul: Theologie als Wissenschaft, Salzburg 1938.